世界就业和社会展望

2016年趋势

国际劳工组织 著
中国财政经济出版社 组织翻译

中国财经出版传媒集团
中国财政经济出版社

图书在版编目（CIP）数据

世界就业和社会展望.2016 年趋势/国际劳工组织著；—北京：中国财政经济出版社，2017.12

书名原文：World Employment and Social Outlook：Trends 2016

ISBN 978-7-5095-7930-5

Ⅰ.①世… Ⅱ.①国… Ⅲ.①劳动就业-研究报告-世界-2015 Ⅳ.①F249.1

中国版本图书馆 CIP 数据核字（2017）第 305169 号

责任编辑：罗亚洪　　　　责任校对：刘　靖

中国财政经济出版社出版

URL：http：//www.cfeph.cn

E-mail：cfeph @ cfeph.cn

社址：北京市海淀区阜成路甲 28 号　邮政编码：100142

营销中心电话：010-88191537

北京财经印刷厂印刷　各地新华书店经销

880×1230 毫米　16 开　6.5 印张　120 000 字

2018 年 2 月第 1 版　2018 年 2 月北京第 1 次印刷

定价：26.00 元

ISBN 978-7-5095-7930-5

图字：01-2018-2172

（图书出现印装问题，本社负责调换）

本社质量投诉电话：010-88190744

打击盗版举报热线：010-88191661　QQ：2242791300

目　录

图目录

表目录

专栏目录

致 谢

《世界就业与社会展望：2016 年趋势》报告由国际劳工组织研究司旗下的就业友好型宏观经济政策部门（由克哈德·恩斯特负责）和政策评估部门（由史蒂文·托宾负责）联合编写。本报告的作者包括理查德·霍恩、萨米尔·卡迪瓦塔、史蒂凡·库恩和桑托·米拉什。作者们希望借此机会特别感谢吉尔罗迷·德罗特里、克莱门特·皮革那提、那仁·帕拉萨德和左哈那·希尔凡德对本报告做出的重要贡献。此外，如果没有国际劳工组织在亚洲、阿拉伯国家、亚太地区、欧洲、中亚、拉美和加勒比地区，以及北美的地区办公室的努力，本报告也将无法完成。由史蒂文·凯普索斯负责的，以来自国际劳工组织统计司的大卫·比思康德、罗西纳·加马拉诺和玛丽－克莱尔·索德格仁为主要成员的团队提供了有关本报告的反馈信息和劳动力市场基本信息。本项目由研究司司长雷蒙德·托雷斯负责监督，朱迪·拉菲提负责出版事宜。

国际劳工组织研究司希望特别感谢政策副司长桑德拉·博拉斯基和司长高级顾问詹姆斯·霍华德，他们为本报告提供了各种意见和建议。同样，研究司就业主任L. 杰夫·约翰逊、经济社会问题政策司副司长特别顾问李明宪和来自政策司副司长办公室的夏洛特·比彻姆均为本报告提供了重要意见和建议。作者们同时也希望对研究司的同事们致以深深的谢意，他们为本报告的早期版本提供了宝贵意见。他们分别是马华·柯利、卡洛斯·波利斯、维罗妮卡·埃斯库德罗、塔卡其·齐祖、艾尔瓦·洛佩兹·莫利罗、罗萨那·美洛拉、皮霖·舍可勒·里查蒂和克里斯蒂昂·维也基拉。

此外，我们也希望对国际劳工组织沟通与公共信息司的同事表示诚挚的谢意，他们为了传播本报告一直在做协调工作，并为我们提供支持。《世界就业与社会展望》报告的分析部分离不开大量的可用数据。借此机会，我们对所有参与劳务市场信息收集和传播的机构，包括各国统计局和国际劳工组织数据统计部，表示衷心感谢！

摘　要

摘　要

全球经济显示增长乏力新迹象……

2015年，全球经济增速估计达到3.1%，比上年预测的数据少0.5个百分点以上。如果维持现有的政策应对，那么未来几年，全球经济将延续增长乏力态势，这将让企业和工作者面临严峻挑战。事实上，未来两年全球经济的增速预计仅有3%左右，远低于全球危机前的水平。

经济增速持续放缓主要源于新兴和发展中国家的增长疲软。中国经济增速放缓是不争的事实，再加上其他因素已造成大宗商品的价格，特别是与能源有关的商品价格的急剧下降。这个局势继而影响了新兴经济体中大宗商品的大型出口国，比如巴西和俄罗斯联邦，这两个国家目前正深陷衰退之中。而大宗商品净进口国因此获得的好处尚不足以抵消经济衰退对出口国的影响。经济疲软的另一个迹象是目前全球贸易与全球增速同步，或低于全球增速的事实。一般而言，全球贸易的增速是全球经济增速的两倍。

……这造成了2015年失业人口超过1.97亿人……

经济疲软造成了全球失业率的进一步上升。2015年，全球失业人口达到1.971亿人，几乎比上年增长了100万人，且比危机前水平增加了2 700万人以上。2015年求职人口的增加主要发生在新兴和发展中国家。近几个月内，有些国家特别是拉美国家以及一些亚洲国家（尤其是中国）和阿拉伯地区的一些石油出口国的就业前景预计已经开始恶化。

在多数发达经济体内，2015年是就业增长好于预期的一年，特别是在美国和一些中北欧的国家。然而，除了近期的改善之外，南欧失业率仍高居不下，而且在一些受亚洲新兴经济体增速放缓影响最深的发达经济体内，失业率也倾向升高。

……使现有就业日益脆弱。

就业质量不佳是全球亟须解决的问题。弱势就业发生率，即个体劳动者和无报酬家庭帮工的占比的下降速度小于危机开始前的降速。个体劳动者和无报酬家庭帮工一般都是高度不稳定的工种。弱势就业人口目前已达到15亿人，占总就业人口的46%以上。在南亚和撒哈拉以南非洲地区，弱势就业人口占工作者总人数的70%。

弱势就业工作者不仅难以受益于共同出资的社会保障计划，而且生产效率低，收入少且极不稳定。此外，在就业质量中，性别差异极大。在北非、撒哈拉以南非洲和阿拉伯国家，女性面临弱势就业的风险比男性高25%—35%。

预计未来两年失业人口增加340万……

2015年的全球经济放缓或会对2016年劳动力市场产生延迟影响，从而造成失业率，尤其是新兴经济体失业率的上升。根据最新的增长预测，2016年全球失业人口将增长230万人，2017年将再增加110万人。

2016年，新兴经济体的失业人口预计增长240万人。这在很大程度上反应了亚洲新兴经济体、拉丁美洲和大宗商品生产国，尤其是阿拉伯地区和非洲地区的劳动力市场前景正在恶化。

在发达经济体内，失业人口预计将小幅下降，但这只能抵消新兴经济体增长预期的一小部分。在一些欧洲国家，失业率依然接近历史高峰。在美国和其他一些发达经济体，失业率将跌至危机前水平，但展望未来，就业不足将会持续或进一步恶化。在不同经济体内，这种情况主要反映为非自愿临时就业或兼职就业以及更低的参与率，尤其是女性和年轻人。

……由于为减少弱势就业的努力进展较慢，弱势就业人口到 2016 年达到 15 亿人……

在未来几年内，全球弱势就业的占比预期将保持在 46% 左右。新兴经济体将面临非常严峻的挑战。未来三年，在这些经济体内，弱势工作者的人数预计将增加 2500 万人左右。

……这导致中产阶级扩张停滞，而且在一些情况下，社会动荡的风险加剧……

在新兴经济体内，中产阶级（即从购买力平价来看，日消费水平介于 5 美元和 13 美元之间的群体）的规模从 2011 年占总人口的 36% 增至 2015 年的接近 40% 的水平。在未来几年内，当前的中产阶级扩张趋势预计会放缓直至停止。在发展中国家，中产阶级比重将会持续增加，但增速将低于近几年的水平。本报告指出，因新兴和发展中经济体的增速放缓，社会动荡风险将再次出现。在这些国家内，增速放缓和难以实现中产阶级的生活水平可能会引发社会不满。

根据不同的测量标准，在发达经济体内，劳动力市场的改善呈现有限且不均衡的特点，而在一些国家内，中产阶级的规模已在缩减。按照基尼指数来衡量，在二十国集团内，多数发达国家的收入不平等情况已严重恶化。自全球危机爆发以来，最高收入群体的收入仍在增长，而占比 40% 的最贫困家庭的收入增长滞后。

……进一步减少工作性贫困的努力已陷入停滞……

较低收入群体就业质量方面的改善已然停滞。2015 年，估计有 3.27 亿受雇者生活在赤贫状态之中（以购买力平价计算，日收入低于 1.9 美元），9.67 亿受雇者生活在中等或接近贫困的状态之中（以购买力平价计算，日收入介于 1.9 美元和 5 美元之间）。与 2000 年的水平相比，这代表了极度贫困人口已大幅下降，但 2013 年以来的改善则更加有限（特别是在最不发达国家内）。此外，自 2000 年以来，生活在中等及接近贫困状态的受雇者人数已经上升，其他数据表明，在欧洲，工作性贫困的情况正在上升。

……促进增长、应对人口挑战的任务变得更加复杂。

如果缺乏体面的工作，更多的工作者可能放弃求职。2015 年，未加入劳动力市场的劳动适龄人口的数量增加了 2 600 万人左右，超过了 20 亿人。劳动力参与率预计将保持在全球劳动适龄人口（15 岁以上）总数的 62.8%，接着会以中等速度下降，并于 2020 年达到 62.6%，在随后的年份中会进一步下降。按照预期，只有发展中经济体的劳动力参与率会保持平稳，而发达和新兴经济体的则可能进一步下降。在这方面，移民是各国平衡劳动力市场供求关系的一个重要机制。近期涌向北欧、南欧、西欧的难民潮导致需要尽快且尽可能有效地促进一大批人进入劳动力市场。从长期来看，移民的涌入将有助于解决某些领域的技能短缺问题，并规避长期增长停滞的风险。

尽管有很多原因造成了当前全球经济增速放缓以及可能的长期增速降低，但以上所述的劳动适龄人口和劳动参与率的降低、不平等情况和弱势就业的加剧，以及就业质量低下都是重要因素。

制定以工作的数量和质量为核心的政策，同时解决收入不平等问题是重中之重。

应对这些长期趋势的需求使国际劳工组织发出的改变经济和就业政策的呼吁显得更加迫切。强化劳动力市场制度并确保社会保障体系得到精心设计是至关重要的，以防止长期失业率、就业不足和工作性贫困进一步增加。同时，改革的努力还需重新平衡。特别是，金融改革需要确保银行发挥他们的作用，向实体经济和投资活动提供资源，以让企业实现可持续的扩张，并创造就业机会。

就短期而言，很多国家拥有宏观经济政策的调控空间。应该利用这一点以防止全球经济进一步恶化。大宗商品价格的进一步下跌可能会让主要的大宗商品出口国的财政情况恶化，但是，正如本报告显示，这些经济体大规模地削减支出会在全球产生负面的溢出效应，从而恶化其自身和其他国家的劳动力市场前景。由于利率处于历史低点，国家可以对必要的基础设施项目提供资金，从而在不大幅增加公共资金压力的前提下产生重要的乘数效应。

从中长期来看，实现可持续发展目标，特别是为公众提供体面的、良好的就业机会，将产生重要的社会红利，对增强并再平衡全球经济做出重大贡献。由此看来，各国共同努力，通过提供更多、更好的就业机会来解决不平等问题至为关键。

总而言之，将体面的工作作为政策策略的核心来对待不仅可以缓解就业危机、弥合社会差距，还可以将全球经济向更好、更可持续的增长方向引导。

1 全球就业与社会趋势

1.1 近期的全球经济格局

全球经济疲软

据国际货币基金组织的最新估算，2015 年全球经济增速为 3.1%，2016 年为 3.6%（IMF，2015d）。该预测远低于危机前的增长水平，也低于国际货币基金组织上年的预测。[1] 全球经济的疲弱主要是新兴和发展中经济体增速放缓所致。[2]

几个大的新兴经济体，如巴西和俄罗斯联邦正深陷衰退之中，而中国以及其他一些新兴和发展中经济体的经济增速正逐步放缓。作为一个整体，新兴和发展中经济体的增长水平仍高于全球平均水平，2015 年的增速预测接近 4%，而 2014 年为 4.6%，2013 年为 5.0%。此轮放缓主要由于一些长期驱动因素所致，特别是长期资本投资下降、人口老龄化、不平等加剧和生产率增长乏力（见专栏 1）。

新兴经济体增速放缓以及大宗商品价格暴跌抑制着全球复苏

中国放弃投资和出口拉动的经济增长方式是全球增速放缓的一个主要因素（IMF，2015d）。中国政府近期公布了新的经济增长目标，即未来五年内平均增速达到6.5%，这比之前设定的目标低0.5 个百分点（CPC，2015）。工业部门增长放缓，进口也出现暴跌。尽管服务业增长快速，但中国向服务业的转移尚不足以抵消作为国内生产总值（GDP）[3] 组成部分的出口的下滑。

中国的进口也出现了下滑，这对依赖向中国出口以实现增长的国家而言，将产生全球性负面影响。国际货币基金组织最近的估算显示，中国国内生产总值每降低 1 个百分点，亚洲其他国家的增速将下跌 0.3 个百分点（IMF，2015a）。欧洲也十分依赖对中国的出口，中国是该地区的第二大出口市场，仅次于美国。[4]

由于中国的进口需求下降，大宗商品价格已跌至 21 世纪初的水平，对全球经济产生了严重影响。这对大宗商品出口国而言是一个沉重的负担，其中包括发达经济体（如澳大利亚和加拿大）和新兴及发展中经济体（如阿拉伯产油国、巴西、智利、印度尼西亚、俄罗斯联邦和委内瑞拉玻利瓦尔共和国）。相比较而言，大宗商品净进口国（如欧盟各国、印度、泰国、土耳其和美国）则从价格的下跌中受益良多，尽管这种益处尚不足以抵消全球经济的减速。

贸易与投资活动仍持续低迷

全球贸易与投资增长仍相对低迷。自 1990 年至 2011 年贸易年增速达到 6% 之后，在 2012 年至 2014 年间贸易增速下滑至每年仅为 2.7%（见图 2）。贸易增速下滑最快的是新兴和发展中经济体，从 1990 年至 2011 年的 9.4% 下滑至 2012 年至 2014 年的 4.9%；就发达经济体而言，贸易增速从每年 5.2% 下滑至每年 1.9%。

贸易增速的放缓归因于一些周期性因素，这些因素界定了后危机时期的特点。这些特点包括发达经济体的进口需求低迷，以及上述主要金砖国家近期的增长降速。然而，结构性问题也是原因之一。

首先，随着全球价值链接近成熟，贸易对国内生产总值增长的弹性下降，即增长与贸易的关系削弱，可能会从一定程度上反映生产的进一步国际分割化产生的好处正日益减少。这个论点恰好得到了近期趋势的支持，这些趋势包括中国的国内投入日益取代国外投入，以及美国制造业进口保持稳定。

专栏 1

全球增速放缓的驱动因素有哪些？

最新的宏观经济预测显示，未来两年内，国内生产总值增长将保持低迷，延续自 2011 年以来中期增长预测持续调低的趋势。事实上，实际国内生产总值几乎比潜在产量低 2%（IMF，2015d；Zhu，2015）。此外，这个产量差异在今后五年会进一步加大。这种形势归因于多个自加强因素，其中包括：

长期资本投资减速：尽管全球储蓄在不断增长，但长期投资需求，尤其是基础设施投资需求，常常无法得到满足（Speme et al.，2015；Baldwin and Tewlings，2014）。这种情况从一定程度上反映一些经济体在信贷繁荣之后进行了调整。此外，由于过去二十年间，实际利率持续下降，由此导致安全资产日益紧缺，这仍有可能在结构方面拖累几个主要经济体。特别是，安全资产短缺可能会进一步刺激长期投资的减少，特别是对易于证券化的资产形式的投资（Caballero and Farhi，2014）。特别是在发达国家，长期投资的减少从一定程度上可能归因于新业务模式的兴起。这些就业务属于知识密集型模式，只需少量的物质资本，因此，这种情况正在削弱投资需求，继而降低长期利率的均衡水平。

劳动适龄人口增长减速：发达经济体的人口快速老龄化、新兴和发展中国家的劳动适龄人口增速放缓，以及劳动力参与率降低的普遍趋势都是限制劳动力供应增长的因素，也是限制就业增长和产量扩张潜力的因素（见本章第 4 节）。

增长所得分配不均：继危机后暂时的停顿之后，占比 1% 的最富裕人群的收入随即开始以远高于其他人口的收入增速重新开始增长。2016 年，占比 1% 的最富裕人群估计会占有全球财富的 50% 以上——高于 2009 年的 44%（Oxfam，2015）。此外，证据显示，劳动所得占比呈现持续下降的趋势，从而进一步加剧了收入不平等，这种情况在发达国家尤为严重（ILO，2014d）。总而言之，这些趋势都与消费减弱、需求赤字有关，从而造成投资需求的减弱，并最终导致经济增速放缓。

全要素生产率（TFP）增长乏力：资本投资减少似乎是发达和新兴经济体内全要素生产率长期放缓的主要原因。除此之外，从新一轮技术进步中获得的生产率增长预期尚未实现。与此同时，由于一些新兴经济体正逐步成为全球技术先锋，全要素生产率的增长可能会在低于危机前的水平上达到稳定。然而，在拉丁美洲、加勒比、北非和撒哈拉以南非洲等地区，劳动生产率的增速尤其缓慢（见图 1）。

图 1

按国际劳工组织设定的地区划分的年度生产率增速（2000—2015 年）和生产率水平（2000 年）

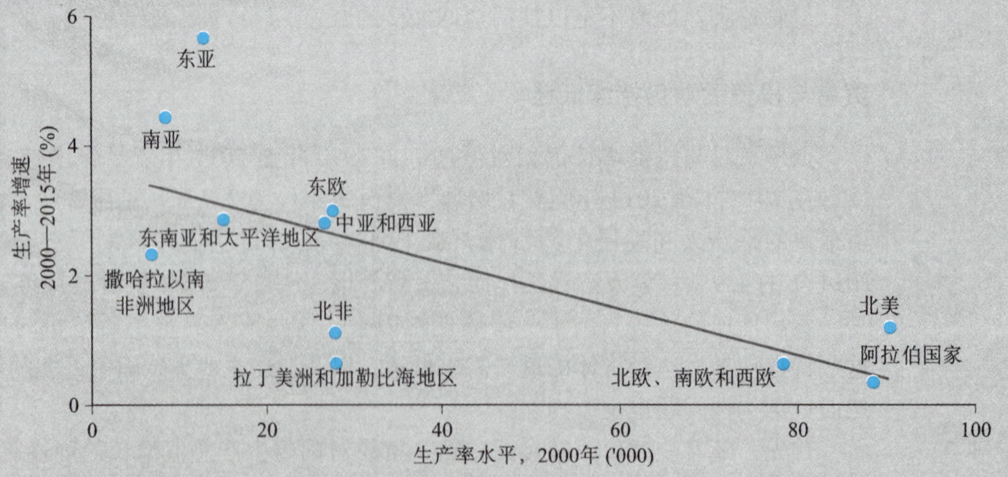

注：Y 轴代表该阶段的复合年均增长率。劳动生产率以每位工作者的实际产量来衡量，并根据购买力平价进行调整。

资料来源：国际劳工组织基于其研究司 2015 年 11 月《趋势计量经济学模型》的计算。

图 2

1991—2014 年贸易与投资年平均增速（%）

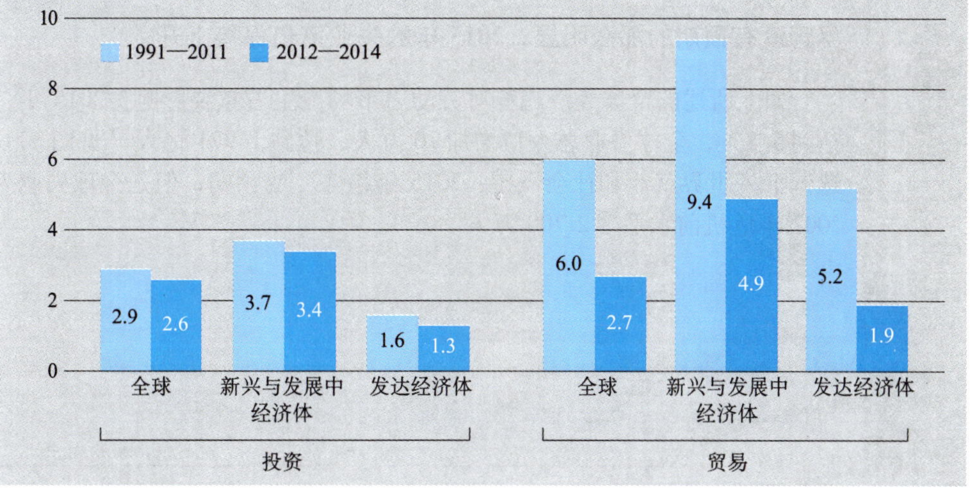

注：世界贸易指世界商品进口量，而投资指的是固定资本形成总额。两者均以固定价格（2005）和固定汇率（2005 年）来计算，单位为百万美元。2014 年的数据是初始数据。

资料来源：国际劳工组织基于 2015 年《联合国贸易和发展会议统计数据》（UNCTAD，2015）和世界银行《世界发展指数》的计算【截至 2015 年 12 月 10 日】。

第二个问题是投资支出持续下降，这是国内需求中交易密集度最高的部分。事实上，2012 年至 2014 年，全球投资年度增速仅为 2.6%，低于 1991 年至 2011 年间 2.9% 的长期趋势。2015 年，投资增速预期低于 3%。即便在基础设施差距很大的新兴和发展中经济体内，2012 年至 2014 年间的投资年平均增速下降到 3.4%，而在 1991 年至 2011 年间，该数字为 3.7%。

实现让所有人都有体面工作的目标面临更为严峻的挑战

长期的结构化弱点，再加上当前不利且动荡的全球经济形势让就业市场深受影响。体面工作之间的差距以不同形式存在于各个地区，从发达经济体的高失业率到众多新兴和发展中经济体的长期弱势就业率，不一而足。鉴于这些挑战，1.2 部分介绍了本文的重点——失业率概算，这些概算按全球层面和经济层面及国际劳工组织所设定的国别来划分。1.3 部分审视了体面工作缺乏和就业质量方面可能的影响，即无处不在的弱势就业和工作性贫困问题。1.4 部分指出了劳动力市场中期所面临的两大主要的结构化挑战：劳动力参与率降低和劳动适龄人口增长减速。1.5 部分重点突出了因劳动力市场形势不利所造成的近期社会动荡加剧的情况。1.6 部分概述了《变革我们的世界：2030 年可持续发展议程》中阐述的体面工作的要素，这份报告列明了 17 项可持续发展目标。

1.2　就业前景恶化

尽管没有预期的那么明显，2015 年的失业率仍保持上升

如上所述的全球经济趋势对劳动力市场产生着重要影响。2015 年，全球失业率达到5.8%，全球失业总人口增加 70 万人，达到 1.971 亿人（见图 3）。尽管这一增速低于《世界就业和社会展望：2015 年趋势》的预期，但是全球失业人口估计仍比 2007 年危机前水平多 2 700 万人。

图 3

2005—2015 年全球失业率和总失业人口

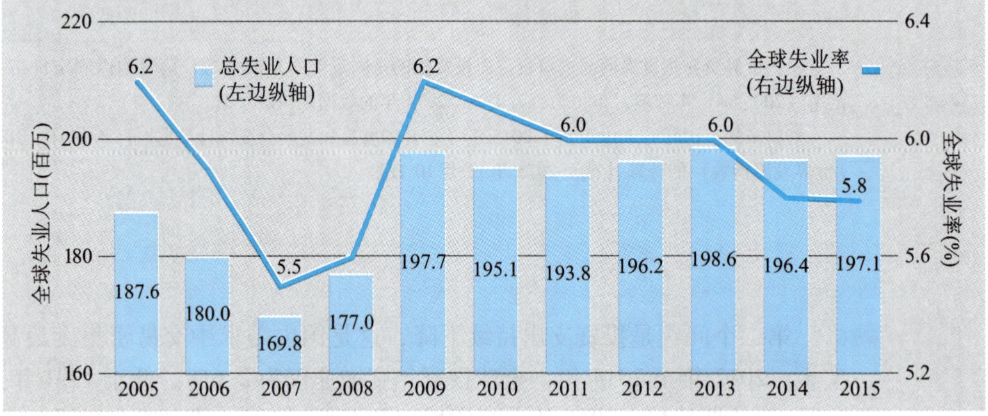

资料来源：国际劳工组织基于其研究司 2015 年 11 月《趋势计量经济学模型》的计算。

发达经济体内就业形势的改善尚不能抵消新兴经济体内不断恶化的就业形势

全球失业情况的发展主要取决于发达经济体好于预期的劳动力市场情况。2014—2015 年，发达经济体的总失业率预计从 7.1% 跌至 6.7%，其失业人口占全球总失业人口近四分之一。失业率的这次下跌趋势主要受北欧、南欧和西欧地区（从 10.7% 降至 10.1%，其中，德国和意大利的降幅尤其明显）和美国的改善（从 6.3% 降至 5.3%）所驱动（见表 1）。

此外，新兴经济体的失业率上升预计会使该群体的总失业率出现小幅上升，从 2014 年的 5.5% 升至 2015 年的 5.6%（见表 1）。

2016 年及 2017 年，失业人口预计将增加

根据最新的经济增速预测，2016 年，全球失业人口预计增加 230 万左右，2017 年，该数字将再增加 110 万人（见表 1）。失业人口的增加将主要发生在新兴经济体内，预计 2016 年新兴经济体的失业人口将增加超过 240 万人，2017 年再增加 140 万人。对此数目贡献最多的新兴经济体将是巴西（70 万人）和中国（80 万人）。相似地，发展中经济体的失业人口将在未来两年内增加 100 万人。换言之，在未来两年内，新兴和发展中经济体的失业人口预计将增加 480 万。发达经济体的持续改善将抵消新兴和发展中经济体中增加的部分失业人口。2016 年至 2017 年，发达经济体

表 1

失业率与总失业人口：2007—2017 年趋势与预测

		失业率，2007—2017 年（%）				百万，2015—2017 年		
	2007—2014 年	2014	2015	2016	2017	2015	2016	2017
全球估算与主要国家群组								
全球		**5.8**	**5.8**	**5.8**	**5.7**	**197.1**	**199.4**	**200.5**
发达经济体		**7.1**	**6.7**	**6.5**	**6.4**	**46.7**	**46.1**	**45.3**
新兴经济体		**5.5**	**5.6**	**5.6**	**5.6**	**135.3**	**137.7**	**139.1**
发展中经济体		**5.5**	**5.5**	**5.5**	**5.5**	**15.1**	**15.6**	**16.1**
二十国集团经济体		**5.5**	**5.4**	**5.4**	**5.3**	**123.9**	**124.3**	**123.8**
二十国集团发达经济体		**7.3**	**6.8**	**6.6**	**6.5**	**42.2**	**41.2**	**40.2**
二十国集团新兴经济体		**4.9**	**4.9**	**4.9**	**4.9**	**81.7**	**83.1**	**83.6**
欧盟 28 国		**10.2**	**9.4**	**9.2**	**9.1**	**23.2**	**22.7**	**22.2**
欧盟 19 国		**11.6**	**10.9**	**10.7**	**10.4**	**17.5**	**17.1**	**16.7**
国际劳工组织次区域和国家详情								
阿拉伯国家		**10.1**	**10.1**	**10.2**	**10.2**	**5.3**	**5.5**	**5.6**
沙特阿拉伯		5.9	5.8	5.7	5.7	0.7	0.7	0.7
中西亚		**9.1**	**9.2**	**9.4**	**9.4**	**6.8**	**7.0**	**7.1**
土耳其		9.9	10.3	10.5	10.4	3.0	3.1	3.1
东亚		**4.5**	**4.5**	**4.5**	**4.6**	**42.1**	**42.4**	**42.7**
中国		4.6	4.6	4.7	4.7	37.3	37.7	38.1
日本		3.5	3.3	3.2	3.1	2.2	2.1	2.0
韩国		3.5	3.7	3.5	3.4	1.0	0.9	0.9
东欧		**6.8**	**6.9**	**7.0**	**6.9**	**10.2**	**10.3**	**10.1**
俄罗斯联邦		5.2	5.8	6.2	6.1	4.4	4.7	4.6
拉丁美洲和加勒比海地区		**6.4**	**6.5**	**6.7**	**6.7**	**19.9**	**21.0**	**21.2**
阿根廷		7.3	6.7	6.9	6.7	1.3	1.4	1.4
巴西		6.8	7.2	7.7	7.6	7.7	8.4	8.4
墨西哥		4.9	4.3	4.1	4.0	2.5	2.4	2.4
北非		**12.5**	**12.1**	**11.8**	**11.6**	**8.8**	**8.8**	**8.8**
北美		**6.3**	**5.5**	**5.1**	**4.9**	**10.0**	**9.3**	**9.0**
加拿大		6.9	6.9	6.8	6.8	1.4	1.4	1.4
美国		6.3	5.3	4.9	4.7	8.7	7.9	7.7
北欧、南欧和西欧		**10.7**	**10.1**	**9.9**	**9.7**	**21.8**	**21.4**	**21.0**
法国		10.3	10.6	10.4	10.0	3.1	3.0	2.9
德国		5.0	4.6	4.6	4.7	2.0	2.0	2.0
意大利		12.7	12.1	12.0	11.5	3.0	3.0	2.9
英国		6.1	5.5	5.4	5.5	1.8	1.8	1.9
东南亚和太平洋地区		**4.3**	**4.4**	**4.3**	**4.2**	**15.1**	**15.2**	**15.1**
澳大利亚		6.1	6.3	6.3	5.8	0.8	0.8	0.7
印度尼西亚		5.9	5.8	5.7	5.6	7.3	7.3	7.3
南亚		**4.2**	**4.1**	**4.1**	**4.0**	**28.8**	**29.1**	**29.4**
印度		3.5	3.5	3.4	3.4	17.5	17.5	17.6
撒哈拉以南非洲地区		**7.3**	**7.4**	**7.5**	**7.5**	**28.2**	**29.4**	**30.4**
南非		24.9	25.1	25.5	25.7	5.1	5.3	5.4

注：查阅附件 A，了解按地区和收入水平划分的国家群组清单。2015 年、2016 年、2017 年的数据为预测数据。

资料来源：国际劳工组织基于其研究司 2015 年 11 月《趋势计量经济学模型》的计算。

专栏 2

失业风险与重新采用紧缩政策的溢出效应

大宗商品出口国的财政平衡日益依赖于高昂的价格，当价格跌至低于预算基准时，这就会带来支出合并压力。尽管多数发达经济体（尤其是欧盟的发达经济体）均已从大家商品价格下跌中受益，但是大宗商品出口国进行财政合并后，这些发达经济体将面临重大负面影响。正如图 4 所示，大宗商品出口国为了减少财政赤字而大幅削减支出将对全球产生溢出效应，从而进一步恶化劳动力市场前景。[1]特别是，2017 年，包括主要大宗商品出口国在内的新兴经济体距期失业人口再增 200 万。[2]此外，发达经济体为进一步削减失业人口所做的努力将因大宗商品出口国进口下跌带来的需求降低而受到影响。

1. 在这种情况下，假设到 2017 年，大宗商品出口国的支出降幅将达到因大宗商品价格下跌所造成的赤字的一半。这意味着，37 个国家的平均支出降幅将达到国内生产总值的 2. 4%。

2. 通过降低公共投资这个渠道，财政紧缩会造成失业率上升，继而降低公共部门的就业率，这正好与一些海湾合作委员会（GCC）国家当前的情况相符（见第二章）。

图 4

在大宗商品出口国削减支出情况下失业的演变情况

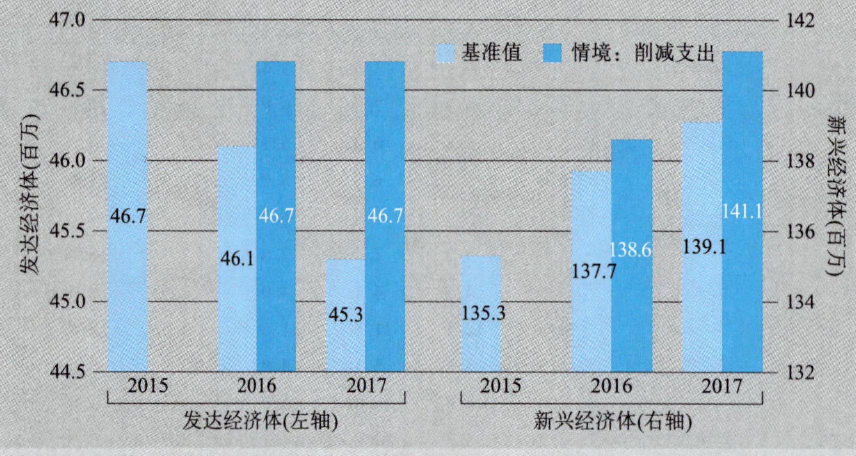

注：基准值对应表 1 中的数字。削减支出的情境假设 37 个大宗商品出口国纷纷削减政府支出，平均削减幅度为国内生产总值的 2. 4%。具体情况请参见附件 D。

资料来源：国际劳工组织基于联合国经济和社会事务部、世界经济预测模型和国际劳工组织研究司 2015 年 11 月《趋势计量经济学模型》的计算。

图 5

2015—2017 年全球失业率的变化（百分点）

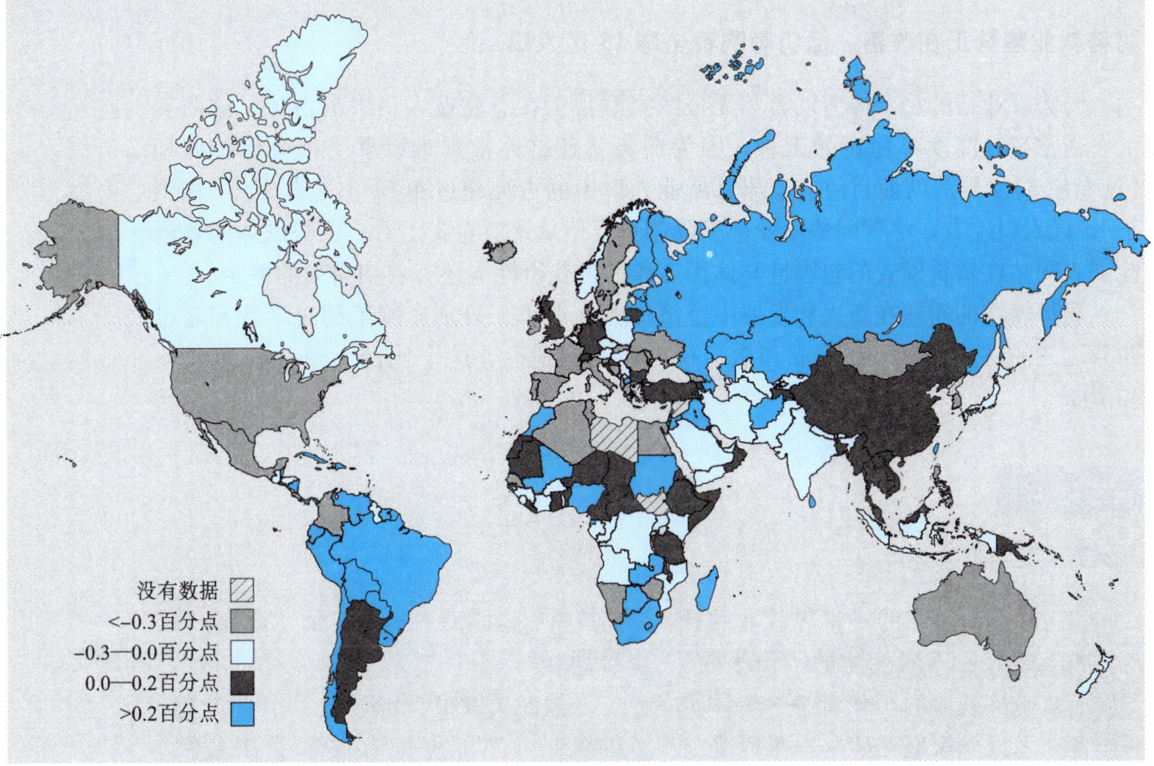

注：上图显示了根据四分位分布来看，2015 年和 2017 年间预期失业率会发生的百分点变化。
资料来源：国际劳工组织基于其研究司 2015 年 11 月《趋势计量经济学模型》的计算。

的失业人口预计将减少 140 万人，这主要由于欧盟 28 国及美国的失业人口减少。然而，全球失业人口展望取决于大宗商品出口国如何应对价格下跌带来的收入缩水。大幅缩减开支将会产生大量溢出效应，使全球失业人口在 2016 年至 2017 年间增加 340 万人，其中 200 万人将来自新兴经济体（专栏 2）。

就失业率而言，2016 年全球的失业率估算预计保持不变，仍为 5.8%，而 2017 年则将小幅下降至 5.7%，这主要源于发达经济体的改善（2015—2017 年间，新兴和发展中经济体的失业率预计会保持不变，分别达到 5.6% 和 5.5%）。新兴经济体之间有很大的差异，2016 年，巴西、俄罗斯联邦和南非的失业率预计将大幅上升，而在 2017 年，巴西和俄罗斯联邦则会出现适度改善。这些大型经济体内不断恶化的劳动力市场状况将会在各自地区产生连锁反应，正如移民的溢出效应、汇款的减少和收益增速放缓会影响周围经济体一样（见第 2 章）。与此同时，多数的主要发达经济体的失业率将得以稳定，或继续实现适度改善。以欧盟 28 国为例，据预测，2017 年这些国家的失业率将达到 9.1%，比 2014 年低 1 个百分点。类似地，2016 年美国的失业率预测将跌破 5%，2017 年为 4.7%。

1.3 就业质量仍是全球关切的问题

弱势就业趋势正在改善，但仍影响着全球 15 亿人口

弱势就业指的是个体劳动者和无报酬家庭帮工在总就业人口中的占比。这两类工作通常都是高度不稳定的工种，因为弱势就业群体常常难以享受社会保护计划（见专栏 3）。弱势就业目前在全球总就业人口中的占比超过 46%（见表 2）[6]，相当于 15 亿人口左右。尽管弱势就业呈下降趋势，但从绝对意义上看，弱势就业的普遍性则表明，在增长模式的包容性与体面工作的可获得性上还有着相当大的差距。

弱势就业的问题在新兴和发展中经济体尤为严重，分别影响了超过半数和超过四分之三的就业人口。在南亚和撒哈拉以南非洲地区，这个比例大致分别为 73% 和 70%。

专栏 3

弱势就业与社会保障

国际劳工组织的《世界就业和社会展望 2015：不断变化的工作本质》显示，弱势就业的工作者——个体工作者和无报酬家庭帮工——难以受益于共同出资的社会保障计划，而这个计划在享受工资的工作者中却十分普遍（见图 6）。总而言之，只有稍稍超过 5% 的弱势就业员工加入了这个计划。

然而，该报告也显示，享受工资的职业并不能保证有权享受社会保障。事实上，40% 以上的享受工资的员工无法享受社会保障。在撒哈拉以南非洲，这个比例在 70% 以上。

图 6

按最近年份来看，弱势就业工作者无法享受社会保障的情况

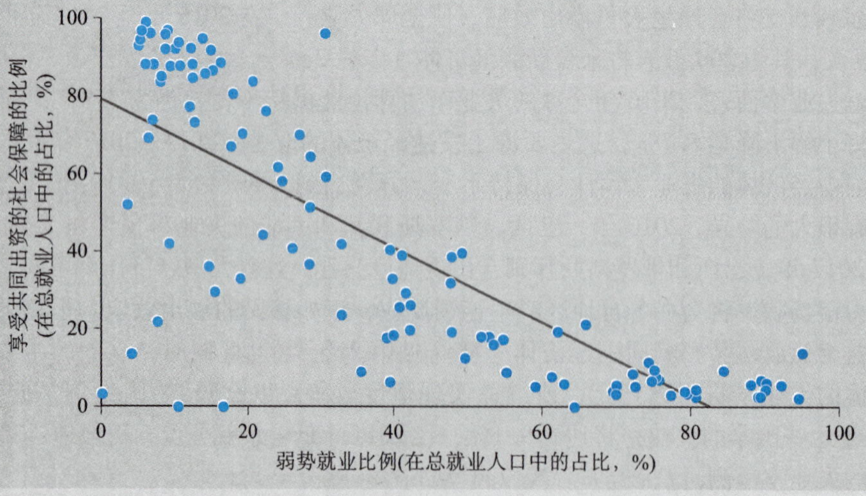

资料来源：国际劳工组织基于来自 94 个国家的《全国家庭调查》数据的分析。

图 7

2016 年不同国家的弱势就业率

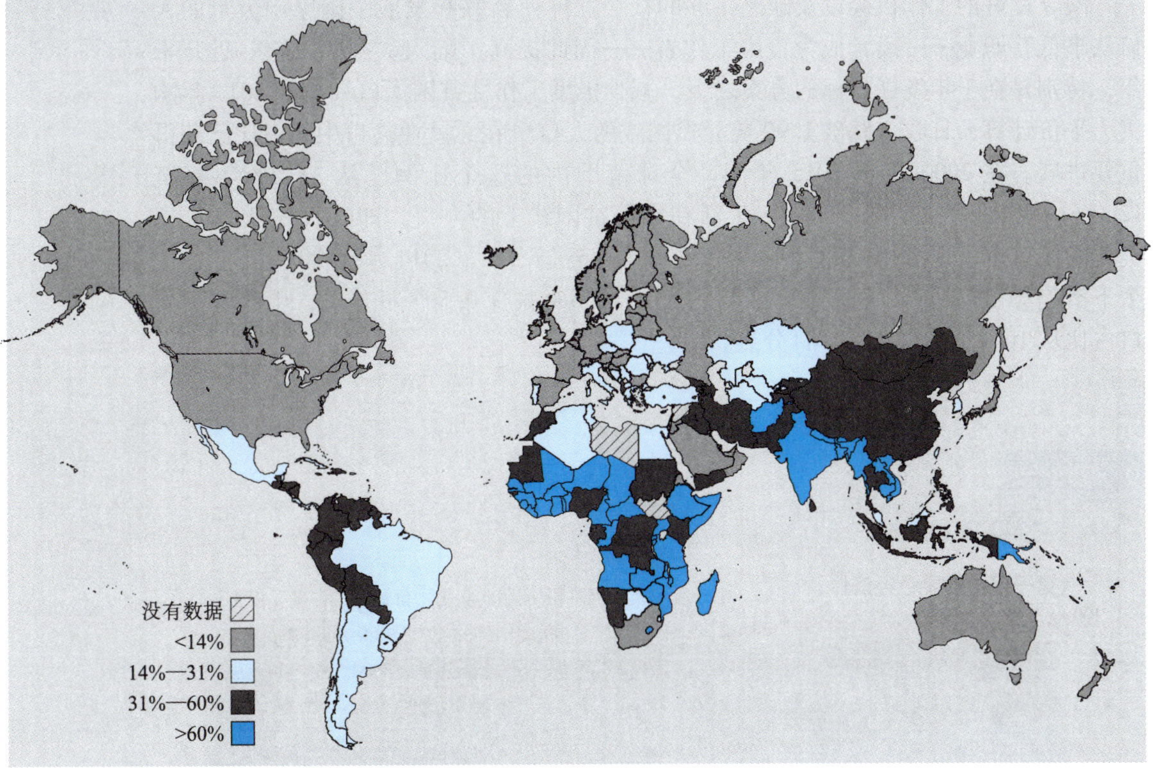

注：上图显示了按照四分位分布来看，属于弱势就业的人口的占比。

资料来源：国际劳工组织基于其研究司 2015 年 11 月《趋势计量经济学模型》的计算。

表 2

2007—2019 年弱势就业率（%）

	2007—2014	2014	2015	2016	2017	2018	2019
全球估算和主要国家群组							
全球		**46.3**	**46.1**	**46.0**	**45.9**	**45.9**	**45.8**
发达经济体		10.5	10.4	10.4	10.3	10.3	10.2
新兴经济体		53.1	52.9	52.6	52.3	52.1	51.9
发展中经济体		76.8	76.7	76.6	76.5	76.3	76.2
二十国集团经济体		**42.0**	**41.7**	**41.6**	**41.4**	**41.3**	**41.2**
二十国集团发达经济体		9.9	9.8	9.7	9.6	9.6	9.5
二十国集团新兴经济体		53.7	53.4	53.1	52.8	52.6	52.4
欧盟 28 国		**12.3**	**12.2**	**12.1**	**12.0**	**11.9**	**11.8**
国际劳工组织次区域							
阿拉伯国家		17.5	18.0	17.7	17.7	17.8	17.9
中西亚		33.0	32.6	32.3	32.0	31.6	31.1
东亚		42.6	42.1	41.6	41.3	41.1	40.9
东欧		11.3	11.2	11.5	11.4	11.4	11.3
拉丁美洲和加勒比海地区		31.0	31.0	31.1	31.1	31.1	31.1
北非		34.2	34.0	33.8	33.6	33.4	33.2
北美		6.5	6.5	6.4	6.3	6.2	6.1
北欧、南欧、西欧		11.5	11.5	11.4	11.3	11.2	11.1
东南亚和太平洋地区		54.4	54.1	53.7	53.3	52.9	52.5
南亚		74.1	73.6	73.3	72.8	72.4	71.9
撒哈拉以南非洲地区		69.8	69.9	69.7	69.6	69.5	69.4

资料来源：国际劳工组织基于其研究司 2015 年 11 月《趋势计量经济学模型》的计算。

削减工作性贫困的努力已经停滞

缺乏良好的工作机会以及缺乏足够的社会保障使新兴和发展中国家中大量的人口从事低薪职业——通常成为自雇工作者——因此提高了陷入贫困的风险。近几十年，特别是在千年发展目标的方案之下，减少极度工作性贫困人口（按照2011年购买力平价计算，日收入跌破1.90美元贫困线的人口）在总就业人口中的占比已获得重要进展。在2000年至2015年间，全球范围内的这个比例已从33.2%下降至12.0%（见图8）。在同一阶段，生活在中等贫困线上的人口，即日收入低于3.10美元的人口也呈现出相似趋势——从57.3%降至27.9%。2014年至2015年间，这个下滑趋势得以延续，极度贫困人口占比从12.5%减少0.5个百分点，中等贫困人口占比从16.4%减少0.5个百分点。

图8

1992—2020年按照经济阶层划分的就业情况（%）

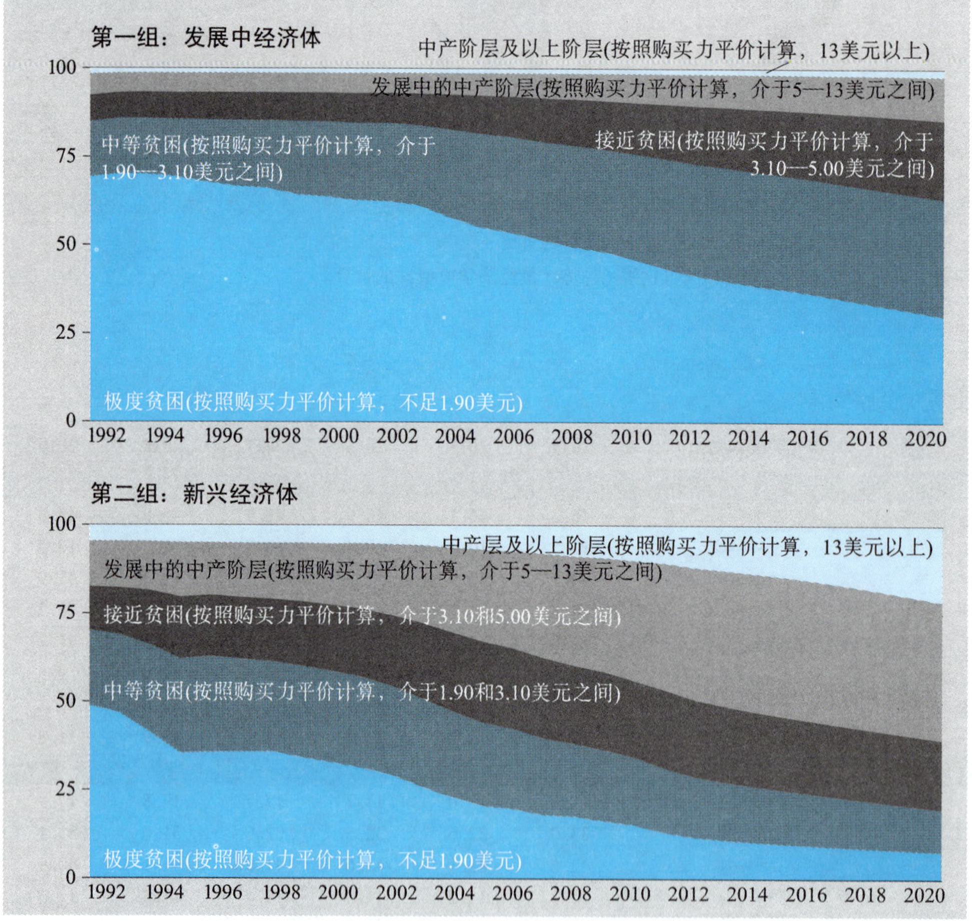

注：上图显示了2020年前发展中和新兴经济体中按照经济阶层划分的就业占比。经济阶层指的是按照2011年购买力平价计算的日人均美元消费水平。日人均消费水平高于13美元的人口相当于发达经济体中的中产阶层。

资料来源：2015年10月卡帕索斯和博姆坡拉的模型更新（2013年）；国际劳工组织基于其研究司2015年11月《趋势计量经济学模型》的计算。

尽管各国在削减工作性贫困人口的占比方面一直在获得进展，但是在为削减处于两条贫困线上的工作性贫困人口绝对数量上的努力却已陷入停滞。2015 年，估计 3. 27 亿就业人口生活在极度贫困之中，9. 67 亿生活在中等贫困和接近贫困之中。尽管（极度贫困人口）绝对数量正以年均 4. 9% 的速度下降，但在 2000 年至 2015 年间，（中等和接近贫困人口）绝对数量增长了 0. 7% 。这种情况主要发生在发展中和新兴经济体之中，两者的极度贫困人口分别占世界极度贫困人口的 30% 和 70% 左右。然而，在发展中经济体中，工作性贫困人口的降速已经减缓，在 2012 年至 2015 年间，极度贫困人口年均下降 0. 9% 左右，而中等贫困和接近贫困人口的占比上升了 5. 2% 。对这个低收入国家群组而言，这是一个重要的进展。这个国家群组主要由撒哈拉以南非洲国家构成，比如马拉维、莫桑比克和坦桑尼亚联合共和国，当然还包括拉丁美洲和加勒比海国家，比如海地，以及几个来自亚太地区的国家，如柬埔寨和尼泊尔。

非正规就业在许多发展中和新兴经济体中普遍存在

在具有可比数据的国家中，有半数国家的非正规就业占比指在非农就业中的比量已经超过了 50% 。在 1/3 的国家中，非正规就业影响了超过 65% 的工作者。非正规就业的问题主要源于国家无法创造足够多的正规工作，以吸收所有想工作的人口。当缺乏体面工作时，工作者常常选择非正规就业，非正规就业的典型特征就是低生产率、低薪水。这个问题不太可能很快解决，尤其对于人口快速增长的发展中经济体。

1.4 劳动力增速减缓

从全球范围来看，超过 20 亿的劳动适龄人口并未加入劳动力市场。2015 年，2600 万左右的人口加入了就业市场。据国际劳工组织预测，参与率预计将稳定在全球劳动适龄人口的 62.8% 这个水平，但接着会开始适度下降，直至 2020 年，这个比例将达到 62.5%（见表 3）。[8] 发达和新兴经济体的活动率可能会进一步下降，而发展中经济体的劳动力参与率预计将更为稳定。

正如本报告的 2015 版所强调的，参与率的不断下降主要由周期性和结构化因素所致。由于在经济周期中处于衰退或缓慢复苏阶段而导致工作机会稀少，一些求职者会因此受到打击，从而离开劳动力市场。从结构化因素来看，许多国家均出现人口老龄化和受教育年限延长的情况，这导致了劳动适龄人口的缩水或增速减缓。这两种影响因素需要差别对待，以清楚知晓劳动力参与率的未来方向，并设计和实施有效的政策干预。

就发达经济体而言，经济危机之后参与率的下跌主要源于劳动力市场的黯淡前景，这对年轻人而言尤其如此，在这种情况下，他们往往选择继续接受教育。事实上，在一些就业率急剧下滑的发达国家，参与率同样出现了大幅下跌。随着劳动力市场的逐步改善，一些下跌趋势可能会被逆转——这一点从许多发达经济体内参与率的逐步稳定中便可见一斑。

表 3

2020 年前部分国家群组的劳动力参与率及预测（%）

全球估算和主要国家群组	2007—2014 年	2014 年	2015 年	2016 年	2017 年	2018 年	2019 年	2020 年
总额								
全球		**62.9**	**62.9**	**62.8**	**62.8**	**62.7**	**62.6**	**62.5**
发达经济体		60.6	60.5	60.4	60.3	60.1	60.0	59.8
新兴经济体		62.3	62.3	62.2	62.1	62.0	61.9	61.8
发展中经济体		76.8	76.8	76.8	76.9	76.9	76.9	76.9
二十国集团经济体		**62.4**	**62.3**	**62.2**	**62.1**	**61.9**	**61.7**	**61.6**
二十国集团发达经济体		60.1	60.0	59.8	59.7	59.5	59.4	59.2
二十国集团新兴经济体		63.3	63.2	63.1	63.0	62.8	62.7	62.5
男性								
全球		**76.2**	**76.1**	**76.1**	**76.1**	**76.1**	**76.0**	**76.0**
发达经济体		69.1	68.9	68.8	68.7	68.5	68.4	68.2
新兴经济体		77.7	77.6	77.6	77.6	77.6	77.5	77.5
发展中经济体		83.0	82.8	82.8	82.8	82.9	82.9	82.9
二十国集团经济体		**75.6**	**75.5**	**75.5**	**75.5**	**75.4**	**75.3**	**75.1**
二十国集团发达经济体		68.0	67.9	67.8	67.6	67.4	67.2	67.0
二十国集团新兴经济体		78.5	78.4	78.4	78.4	78.3	78.2	78.1
女性								
全球		**49.7**	**49.6**	**49.6**	**49.5**	**49.5**	**49.4**	**49.2**
发达经济体		52.5	52.6	52.5	52.5	52.3	52.2	52.1
新兴经济体		46.8	46.7	46.6	46.6	46.4	46.3	46.1
发展中经济体		71.0	71.0	71.0	71.0	71.0	71.0	71.0
二十国集团经济体		**49.2**	**49.1**	**49.0**	**48.8**	**48.7**	**48.5**	**48.2**
二十国集团发达经济体		52.6	52.7	52.6	52.5	52.4	52.2	52.1
二十国集团新兴经济体		47.7	47.6	47.5	47.3	47.2	46.9	46.7

资料来源：国际劳工组织基于其研究司 2015 年 11 月《趋势计量经济学模型》的计算。

新兴经济体和一些发展中经济体的参与率也出现了下跌。造成下跌的一部分原因是更多的年轻人选择接受教育或继续接受更多的教育，而非进入劳动力市场。此外，在一些案例中，由于收入和财富效应的因素，加入劳动力市场的女性人数也在减少。

在发展中国家，女性和男性的劳动力参与率往往都非常高（2015 年男性为 82.8%，女性为 71.0%），这往往反映了贫困问题、缺乏社会保障以及赚取为满足基本需求的收入的必要性（见专栏 4）。相比较而言，在新兴经济体中，阿拉伯国家、北非和南亚的女性参与率长期保持较低水平，从而使女性的总劳动力参与率呈下降趋势。2015 年，女性的总劳动力参与率估计为 46.7%。

2007 年至 2014 年，全球劳动适龄人口的增速维持在年均 1.5%，但目前一直在下降，预计在未来 5 年内，直至 2020 年，这个增速将跌至年均 1.3%（见表 4）。在一些地区，劳动适龄人口增速的逐步放缓与预期寿命的延长相伴出现。这两方面因素结合起来可以解释为抚养比的提高，即在总人口中无作为人口与起作用人口之比在增大。只有发展中经济体作为一个整体，其劳动适龄人口保持相对较快的增速，鉴于女性劳动力参与率将停滞的预测，劳动适龄人口的较快增速将对各国施加更多压力，以解决专门针对女性的创造就业的问题（见专栏 4）。

表 4

2020 年前部分国家群组的劳动适龄人口的增速及预测（%）

全球估算和主要国家群组	2007—2014 年	2014 年	2015 年	2016 年	2017 年	2018 年	2019 年	2020 年
总额								
全球		**1.3**	**1.3**	**1.3**	**1.3**	**1.3**	**1.3**	**1.2**
发达经济体		0.6	0.5	0.5	0.5	0.4	0.4	0.4
新兴经济体		1.4	1.4	1.4	1.3	1.3	1.3	1.3
发展中经济体		3.2	3.2	3.2	3.1	3.1	3.1	3.1
二十国集团经济体		**1.0**	**1.0**	**0.9**	**0.9**	**0.9**	**0.9**	**0.9**
二十国集团发达经济体		0.4	0.4	0.3	0.3	0.3	0.3	0.3
二十国集团新兴经济体		1.2	1.2	1.2	1.1	1.1	1.1	1.1
男性								
全球		**1.4**	**1.3**	**1.3**	**1.3**	**1.3**	**1.3**	**1.3**
发达经济体		0.6	0.6	0.5	0.5	0.5	0.4	0.4
新兴经济体		1.4	1.4	1.4	1.3	1.3	1.3	1.3
发展中经济体		3.2	3.2	3.2	3.1	3.1	3.1	3.1
二十国集团经济体		**1.0**	**1.0**	**1.0**	**0.9**	**0.9**	**0.9**	**0.9**
二十国集团发达经济体		0.4	0.4	0.4	0.4	0.3	0.3	0.3
二十国集团新兴经济体		1.2	1.2	1.2	1.1	1.1	1.1	1.1
女性								
全球		**1.3**	**1.3**	**1.3**	**1.2**	**1.2**	**1.2**	**1.2**
发达经济体		0.5	0.5	0.5	0.4	0.4	0.4	0.4
新兴经济体		1.4	1.4	1.4	1.3	1.3	1.3	1.3
发展中经济体		3.1	3.1	3.1	3.0	3.0	3.0	3.0
二十国集团经济体		**1.0**	**0.9**	**0.9**	**0.9**	**0.9**	**0.9**	**0.9**
二十国集团发达经济体		0.4	0.3	0.3	0.3	0.3	0.3	0.3
二十国集团新兴经济体		1.2	1.2	1.2	1.1	1.1	1.1	1.1

资料来源：国际劳工组织基于其研究司 2015 年 11 月《趋势计量经济学模型》的计算。

1.5　社会动荡风险加剧

随着新兴和发展中经济体的增速纷纷放缓，社会动荡风险上涨（见图9）。经历全球危机后几年的动荡时期，在许多地区对经济和社会局势的不满情绪已开始削弱（见国际劳工组织，2015i），但是，随着经济形势，尤其是发展中经济体的经济形势再次趋于恶化，社会动荡变得日益明显。

相比较而言，发达经济体的复苏已逐步增强，社会日渐稳定，而新兴经济体则基本未出现变化。如果当前劳动力市场的改善只是暂时的，那么情况将很快逆转。在这两类国家中，青年男性的普遍失业常常是政治和社会运动的关键驱动力。在发达经济体中，青年男性的失业率保持在一个较高水平。

图9

社会动荡：2014—2015 年的变化

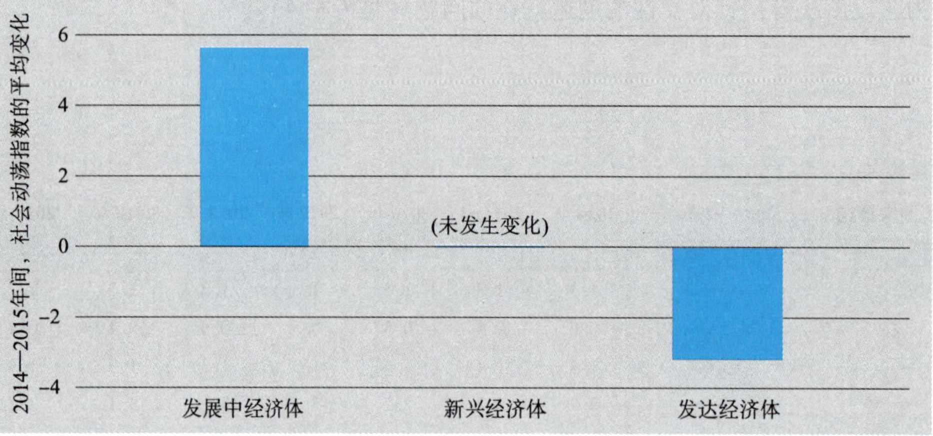

注：每个国家的社会动荡指数从0（最低）到100（最高）不等。该数据显示了一个收入群体中所有国家的平均变化。请参见附件A，了解收入群体的分类。

资料来源：国际劳工组织基于全球整合新闻数据库事件数据库（http：//gdeltproject. org）的计算。

1.6 体面工作成为可持续发展的核心

最新通过的可持续发展目标强调体面工作在确保包容性经济增长方面发挥着关键作用，并肯定其在改善社会和经济效果方面的贡献，同时对以均衡和相互促进的方式解决三方面的可持续发展问题也至关重要。作为之前千年发展目标中为了脱贫而制定的子目标，体面工作现已成为可持续发展目标第 8 项新议程中的重中之重："促进持久、包容和可持续经济增长，促进实现充分的良好的就业以及人人获得体面工作"，并且这已成为该议程的主要议题。由于对体面工作的诉求是普遍关切的问题，可持续发展目标第 8 项将进一步激发动力，以找出贫困与不平等的根本原因。鉴于近期的主要趋势，新议程将与所有国家息息相关，包括发达国家、新兴和发展中国家。

专栏 4

劳动力市场的性别差距：可持续发展面临挑战

性别平等和对女性赋权是可持续发展 2030 议程的主要政策目标。在过去十年间，所有地区的劳动力参与率的差距均出现小幅收窄，而就全球而言，从事弱势就业的女性数量显著减少。然而，除了取得这个进展之外，一些差距仍然存在，需要采取更多举措来弥合这些差距。值得一提的是，处于失业状态的性别差距仍十分严重，特别对于女性。除此之外，更多的女性仍在从事无报酬家庭帮工或其他非正规工作，这限制了她们享受社会保障措施，比如养老金、失业救济金和产妇保护。此外，在全球的多数地区，女性更可能会面临就业不足，从而从事兼职或临时工作。

女性将继续面临工资远不及男性的窘境，这主要归因于职业区分、歧视以及工作时间上的差异。在发达国家，女性主要从事低薪行业，比如健康和社会工作，教育及其他服务。在许多发展中国家，尤其是低收入经济体，更多女性正从事时间密集型和劳动密集型的农业工作，而且即便能获得报酬，这些工作的报酬也往往非常低。为了解决两性就业和工资差距问题，一系列精心设计的政策及良好的执行是非常必要的。根据国家的不同，这些举措可能包括以下方面：

- 为主动选择兼职的工作者提供兼职机会，确保这些工作并非多是低薪工作；
- 为青年，尤其是女性提供职业培训和学徒计划，使他们能平稳地从学校向工作过渡；
- 提供教育计划、培训及导师制，以鼓励更多女性从事非约定俗成的研究与工作领域；
- 提供容易获得且能够承受的儿童保育服务、优质的养老服务和充分的产妇保护，以及提供面向男性的陪产假和育婴假。

为了使性别问题成为重要的社会关切，在中央和地方政策层面公办和私营组织需要采纳一整套具体策略措施和体制流程。社会性别主流化旨在对法律、文化规范和社区实践中存在的歧视性社会体制加以转型。必须有效地实施完善的法律框架，以禁止性别、母亲、父亲和家庭责任层面的就业歧视，并提供充分的纠正措施。对于阻碍就业和职业发展的法律和其他障碍，必须通过采用有效的法律和政策进行取缔，这些障碍包括所有权限制、土地或金融服务的获得、某些职业以及某些工作时段对女性就业的限制。

就此而言，政府预算和财政措施在促进女性发展和性别平等方面发挥着重要作用，特别是当国家认识到政府预算未保持性别中立立场，财政措施对男、女性的影响不同时，更是如此。"性别预算"，即将性别问题纳入预算法规和实践的做法，已经帮助各国、各地区实现了多种目标，比如更多受教育的机会、保育和健康服务，以及女性劳动力参与率提高、针对女性的暴力行为减少等。

资料来源：国际劳工组织，2016b（即将出版）。

事实上，除了可持续发展目标第 8 项之外，体面工作还有助于实现多个目标。比如，获得体面就业的机会，以及延长面向所有人的社会保障底线是确保生活水平低于贫困线的人们让自己和家庭生活在既定贫困线以上（可持续发展目标第 1 项）的最有效的方式。确保健康的生活方式，促进各年龄段人群的福祉（可持续发展目标第 3 项）并提供受教育机会以及发展体面工作所需的各种技能的机会（可持续发展目标第 4 项）是提高从业人员工作效率的前提条件。赋权女性，实现性别平等，（可持续发展目标第 5 项）是体面工作的议程的核心问题，特别是在提高女性劳动参与率及弥合性别工资差距方面（见专栏 4）。同样，减少劳动力市场失衡将对解决各国内外不平等问题做出巨大贡献（可持续发展目标第 10 项）。新的议程呼吁进一步符合针对各类劳动者——特别是流动人口和从事非正规工作和弱势就业的工作者（可持续发展目标第 8 项，目标 8）的国际和国内劳动力标准。[9] 可持续发展目标第 9 项呼吁实现包容性、可持续的工业化，同时指出，在 2030 年前，根据各国国情，工业在就业方面的比例和国内生产总值应得到大幅增长，而且，最不发达国家的工业化比例应翻倍。实施国际劳工组织《全球工作协定》中载列的劳动力市场和社会保障政策是实现新议程下体面工作效果的一个方式。此外，体面工作议程的要素可以与环境效果相联系，特别是在可持续消费和生产（可持续发展目标第 12 项）、气候变化（可持续发展目标第 13 项）、海洋保护（可持续发展目标第 14 项），促进和平社会、法制和体制改善（可持续发展目标第 16 项）等方面。

强制劳动、人口贩卖和童工等问题的普遍存在阻碍了所有人获得体面工作的机会，其中包括我们的后代

可持续发展议程呼吁各国立即采取有效措施取缔强制劳动，以结束现代奴隶制和人口贩卖，禁止和取消最恶劣的童工劳动形式，以便在 2025 年前全面取消各种形式的童工。国际劳工组织估算显示，全球共 2100 万劳动力深陷强制劳动的牢笼之中——即以诱哄或欺骗的形式将劳动者拉入职业陷阱之中，并让其无法辞职（ILO，2012）。在这些人中，90% 的工作者正饱受私营经济的剥削之苦（通过性剥削或在家政、农业、建筑和制造业就业来实现），而剩余的 10% 则正从事国家认可的强制劳动（牢狱工作、军方强加的工作等）。

亚太地区的新兴和发展中国家是全球从事强制劳动比例最高的地区（包括人口贩卖）——占 56%（1100 万人），紧接着是非洲地区，占 18%（370 万人），然后是拉丁美洲和加勒比地区，占 9%（180 万人）。[10]在每千个居民中，从事强制劳动最多的地区是中欧和东欧（4.2）以及撒哈拉以南非洲地区（4.0）。

与此同时，根据国际劳工组织估算显示，全球共有 1.68 亿个介于 5—17 岁的孩子属于童工，占该年龄段孩子总数的 10.6%。[11]在这些人口中，8530 万名孩子正从事危险工作，占该年龄段孩子总数的 5.4%（ILO，2013a）。尽管这些数字仍保持在高位，但是自 2000 年以来，取消童工的工作已经取得了进展。2000 年的童工人数为 2.455 亿（15.5%）2000 年从事危险工作的童工人数为 1.705 亿（11.1%），显然，在这两个数字都下降了。就全球的童工而言，男孩的比例要稍高于女孩（分别占总人数的 50.7% 和 49.3%）。但是，在童工之中，女孩的比例可能被低估，这主要是因为与承担家务活，特别是危险的家务杂事，以及其他不够显眼的工作形式有关的数据存在盲点。

进展监控需要可比、可靠和及时的数据

在 17 项可持续发展目标中，共有 169 个目标，目前已提议 200 多个指标来对这些目标进行追踪（见附件 C）。2016 年年底，政府按计划就最终的指标列表达成共识。然而，这需要通过可比、可靠和及时的数据对这些指标进行追踪，而这类数据的数目常常不完整。因此，创新必不可少，以便涵盖多个维度，其中包括加强行政登记（事实证明，这是一个高效且实惠的数据收集方法），确保国家统计局有能力和技术来收集国际上可比的优质数据，并促进数据的协同和跨国可比性（专栏 5）。

专栏 5

可持续发展目标与可比、可靠和及时数据的重要性

国际劳工组织与各国国家统计局合作，在非正规就业等指标数据的采集方面已取得了重要进展，但是这类信息往往只是以不规则的方式产生的。显然，需要收集重要指标之外的劳动力统计数据，这些数据一般由国家统计局收集。为了实现这个目标，必须提高能力并确保新的方法论和技术能够得到广泛共享（可持续发展目标第 17 项）。

目前，各国已引入多项创新来促进劳动力市场的成效的审视，比如工作性贫困和弱势就业。可持续发展目标可能预示着在指标、数据收集方法和传播方面会进一步创新。此外，各国将调整可持续发展目标以满足自身在进展和成果跟踪方面的需求，千年发展目标也同样如此。在未来的 15 年内，按照可持续发展目标采用新的衡量进展的方法可能会兴起，这将加深对全球发展挑战的理解。

2

按地区划分的就业与社会趋势

正如第1章所重点探讨的，不同地区的劳动力市场和社会形势迥然不同（见附件A，了解国际劳工组织按地区、国家和收入划分的类别清单）。就失业率而言，短期预期显示欧洲、中亚和北美的情况好于其他地区，这些地区包括拉丁美洲和加勒比海地区，阿拉伯国家，亚洲和撒哈拉以南非洲。然而，失业水平和失业率并不总能恰好反映劳动力市场和社会挑战的严重程度。在新兴和发展中经济体，这种情况尤甚。在这些经济体中，难以消除的弱势就业，非正规就业和工作性贫困（ILO，2015i）等问题均令人担忧。即便是在失业率预计下降的欧洲、中亚和北美，长期失业和青年失业问题仍是劳动力市场和社会所面临的挑战。就此而言，全球所有的国家和地区在创造足够多的优质就业机会方面都面临着挑战。

有鉴于此，本章将评估跨地区以及地区内：（1）经济与劳动力市场的最新发展；（2）短期就业和社会展望；（3）在实现可持续发展目标方面所面临的主要赤字和挑战。

2.1 非　洲

北非

尽管安全和政治因素仍在拖累增长，但已有迹象表明经济正在复苏

尽管该地区一些国家仍深陷地区冲突之中，并处于艰难的政治过渡阶段，但是在未来几年内，北非的经济预计将缓慢而稳定地复苏。2015年，国内生产总值的增速估计达到3.7%——自2011年在2.0%的底线上反弹之后——该地区预计将继续以近4%的速度，或以高于预测的速度增长（IMF，2015d）。然而，一些国别风险仍然存在。比如，由于不确定的安全状况导致的旅游业收入下滑正严重影响着突尼斯，2015年该国的国内生产总值预计仅为1%，低于2014年的2.3%。同样的，2015年利比亚和阿尔及利亚的国内生产总值增长仍会保持低迷，分别为2.1%[12]和3.1%。相对来说好的一面是，埃及和摩洛哥的经济增长相对于该地区的地缘政治紧张更具有弹性（虽然前者的近期发展或会给其前景带来负面影响）。2015年，摩洛哥的国内生产总值预计将达到4.8%，而埃及则为4.2%，这是自2011年以来两国的最好表现。

随着增长展望显示未来增长将更为强劲，生产率增长也预计会在未来几年内迎来回升，从2015年的1.1%增至2017年的2.1%（见表5）。但是，相较于一些地区在相似发展阶段的生产率表现，该地区生产率的增加仍比较乏力。此外，还有一些结构化和制度性因素抑制着企业的创造和增长前景。这些因素包括：企业内部，特别是小公司内部令人讨厌的官僚主义；低女性劳动参与率；低水平的创业型活动。

失业率似乎呈下降趋势，但劳动力市场仍广泛处于低迷状态，特别是女性和青年劳动力市场

在此背景下，有迹象表明北非正在加大创造就业机会的力度。这种做法带来了自2011年以来失业发生率的首次下降。失业率预计将从2014年的12.5%降至2015年的12.1%——据预测，这个比率将在未来几年内进一步下降（见表5）。

表 5

2000—2017 年北非劳动力市场变化（%）

	2000—2007 年	2008—2013 年	2014 年	2015 年	2016 年	2017 年
劳动力参与率	47.4	47.7	48.0	48.2	48.3	48.3
失业率	13.4	11.4	12.5	12.1	11.8	11.6
就业增长	2.9	1.9	1.5	2.5	2.1	2.2
弱势就业	36.7	33.7	34.2	34.0	33.8	33.6
工作性贫困（少于 1.90 美元）	8.6	6.0	5.2	5.2	5.3	5.2
工作性贫困（介于 1.90 美元至 3.10 美元之间）	26.4	20.5	19.0	18.8	18.6	18.2
生产率增长	1.9	0.8	-0.4	1.1	1.8	2.1

注：就业与生产率增长数据以百分比显示。就业率是相对整个经济体而言。劳动生产率以调整购买力平价之后每位工作者的实际输出来衡量。弱势就业占比指的是个体劳动者和无报酬家庭帮工之和在总就业中的比率。

资料来源：国际劳工组织基于其研究司 2015 年 11 月《趋势计量经济学模型》的计算。

然而，增长仍普遍乏力，且其包容性不足以对青年失业率产生重大影响。总体来看，北非的地区青年失业率占全球首位，2015 年接近 30%，而且无迹象表明这一比率会在近期内大幅下跌。此外，失业率掩盖了该地区劳动力参与率是世界最低的事实，2015 年该地区劳动力参与率为 48.2%，而全球平均为 62.9%。这主要由极低的女性和青年参与率所致，2015 年两者的参与率分别为 22.5% 和 31.9%。

此外，很大一部分青年，尤其是青年女性没有接受过教育、没有工作也没有参加过培训。近期数据显示，在 15—29 岁的青年之中，没有接受过教育、没有工作也没有参加过培训的人数占突尼斯总人口的 32%（青年女性的比率为 42% 左右），占埃及总人口的 40%（青年女性的比率为 64% 左右）（ILO，2015e）。这些数据着实令人担忧，因为他们在生命早期不进行活动对其就业力、未来收入和获得优质工作的机会产生负面影响。

青年政策和激活策略需要目标政策干预

鉴于过去十年受教育机会的增多，更多青年希望进入专业职业领域工作。但令人遗憾的是，这方面的就业机会尚不足以与毕业生的供应相匹配。有鉴于此，相应的措施已经推出，即增加对更高技能识别与这测系统的投资，特别是行业层次的投资。值得一提的是，该地区将大量熟练工输出到海外，突出了影响潜在雇主与熟练工匹配的一系列因素。

北非的几个国家已开始将更多注意力投向积极劳动力市场政策的设计与实施方面，特别将青年毕业生作为目标对象。针对劳动力市场举措的投资资金主要通过公共部门融资和发展合作伙伴的资源来实现。比如，突尼斯政府设立了一项就业基金，来支持激活举措，而摩洛哥政府则正在研究建立相似机制的可行性。然而，北非的公共就业服务长期人员不足，而且这些国家一般都没有手段或技能来提供充分的优质服务。

同时，在每三位工作者中，就有多于一位的工作者属于弱势就业群体，24% 的雇员发现自己生活在日均收入 3.10 美元这条贫困线之下（按购买力平价计算）（见表 5）。尽管工作条件已经得到改善，但是在可持续发展目标的计划下，就业质量仍让人忧心忡忡（见专栏 6）。

专栏 6

北非的可持续发展目标与劳动力市场

正如本节所示，尽管面临着政治危机和政治不稳定，北非的经济仍保持增长。然而，持续的动荡抑制了该地区的社会发展，特别是在向青年提供更好的就业机会、弥合男女参与率与就业率之间的差距，以及提高该地区整体就业质量等方面。该地区在实现可持续发展目标方面面临着严峻的挑战：

- 失业率尤其是青年失业率居高不下（目标分别为 8.5、8.6 和 8.8）：就目前而言，北非的青年失业率为 30%，而青年女性的失业率则已达到 45%。克服这个挑战至关重要，因为高失业率与该地区的政治不稳定息息相关。有人声称，缺乏体面工作的机会是 2011 年阿拉伯之春运动的导火线，而政治不稳定则破坏了为实施旨在促进青年就业的策略所做的努力。

- 强迫劳动、现代奴役和人口贩卖（目标 8.7）：北非的强迫劳动、现代奴役和人口贩卖案例显示这个问题仍需关注。该地区的童工人数仍居高不下，北非和中东目前有 920 万童工（ILO，2013a）。在埃及，约 160 万孩子（5—17 岁）为童工。在苏丹，估计有 4% 的劳动力是 6—9 岁的童工，占儿童总人数的 47% 左右。

- 社会保障不均衡（目标 1.3）：在北非地区，包括社会救助在内的社会保障体系的覆盖面并不均衡，且呈现碎片化的趋势。该地区的养老金覆盖面各不相同，达到各国从业人员总数的 30%—40%，这些国家包括阿尔及利亚、埃及、摩洛哥和突尼斯，但在苏丹等国，养老金的覆盖面仅占总人口的一小部分（Maxwell et al.，2012）。此外，非常规就业人员（就业人口的 40%—60%）不享受任何社会保障计划。该地区的健康系统也十分不充分，而缩减医疗支出则产生了破坏性影响。

撒哈拉以南非洲地区

撒哈拉以南非洲地区的增长仍保持稳健，但各国的增速却高度不均衡，大宗商品价格下跌对出口国带来沉重的负面影响

近几年，非洲大陆的经济实现了重大发展（ILO，2015g）。自 20 世纪 90 年代以来，非洲实现了年均 5% 的增长速度，成为全球发展最快的地区之一（UNECA，2015）。但是，撒哈拉以南非洲地区的增长近期减弱了，从 2014 年的 4.9% 跌至 2015 年的 3.6%，但在 2016 年，该地区预计将实现一定程度的复苏，达到 4.2%（IMF，2015d）。

中国是该地区的主要贸易伙伴。然而，中国正逐步从对制造业、建筑业和出口的依赖转移至强调服务业和消费拉动，这削弱了其对原材料的需求。随之而来的大宗商品价格突降和国际贸易减速则使撒哈拉以南非洲地区的前景显著恶化。该地区正处于更为艰难的增长阶段，公共部门的支出空间相较于全球金融危机初期而言已经大幅收窄（IMF，2015b）。为了在全球环境下实现上述转移，非洲大陆需要实现多元化，并从事具有更高附加值的制造业活动（ILO，2015g）。此外，旅游业也提供了多元化的机会，以削弱该地区对大宗商品的依赖。2014 年，撒哈拉以南非洲地

专栏 7

西非爆发埃博拉传染病

根据世界卫生组织，几内亚、利比亚和塞拉利昂国内已报道并经确认，可能和疑似的感染埃博拉病毒的病例共有 28 607 人，截至 2015 年 11 月 1 日共有 11 314 病例死亡。大多数确认感染埃博拉病毒的病例影响了生产率最高的人口——15—45 岁的人群。企业的业务活动特别是采矿和农业活动大幅下降或停止，这对各就业领域都产生了严重影响。随着工作者的失业，很多家庭不得不寻找新的谋生方式，来弥补收入的下降。社会动荡和工业摩擦也时有发生。埃博拉病毒的爆发加剧了贫穷、失业和非正规就业，这形成了一个恶性循环，从而进一步加剧经济的脆弱性。世界银行估算显示，几内亚和塞拉利昂的经济增速预计已分别降至 -0.2% 和 -23.5%（World Bank，2015c）。2015 年，作为子区域的西非的增速预计也已降至 5%，低于 2014 年录得的 6%（AfDB et al.，2015）。

区共吸引 3590 万名国际游客，从 1990 年的 960 万名开始增长。2014 年旅游外汇收入（从 2013 年的 253 亿美元）增至 259 亿美元。到 2030 年，该地区接待的国际游客预计将增至 8800 万人（UNWTO，2015）。

该地区在吸引海外直接投资方面进展稳定。海外直接投资现有存量比 2007 年高四分之三，并已超过官方开发援助。这笔投资的四分之一主要来自亚洲（尤其是中国）和拉丁美洲（ILO，2015g）的大的新兴经济体。然而，投资大部分集中于自然资源，直到最近才向农业和服务业小幅转移。

遗憾的是，2014 年，在该地区的 34 个最不发达国家内，只有 9 个国家的国内生产总值增速达到或超过 7%，相当于可持续发展目标 8.1 中通过包容性增长摆脱贫困的目标（见专栏 8）。

在撒哈拉以南非洲的部分地区，政治不稳定、武装冲突、恐怖主义和社会动荡仍阻碍着社会经济表现。除此之外，各国遭遇的挫折对该地区的增长产生了负面影响，比如南非的劳资纠纷和供电问题，以及几内亚、利比亚和塞拉利昂的埃博拉病毒肆虐（见专栏 7）。

创造良好的工作仍是该地区面临的一大关键挑战

缺乏经济多元化是撒哈拉以南非洲地区劳动生产率增长乏力的一大因素，特别是与其他发展中国家比较时，这种现象愈加明显。尽管该地区主要经济体的生产率表现各不相同，但是 2015 年，每位工作者的产出预计仅增长了 0.5%，并将于 2017 年增至 1.7%（见表 6）。虽然埃塞俄比亚、肯尼亚和坦桑尼亚的生产率增速高于平均水平（3% 或更高），但是 2015 年，安哥拉、科特迪瓦和南非却显示生产率负增长。

虽然未来几年内，该地区几乎所有经济体的生产率预计将得到增长，但是，目前的数据却突出显示，撒哈拉以南非洲地区在提高农业生产率和减少对自然资源的依赖方面遭遇困境。非洲的正规和非正规企业之间的生产率差距也将保持在高位（AfDB，2012；Stampini et al.，2011）。

表 6

2000—2017 年撒哈拉以南非洲地区的劳动力市场变化（%）

	2000—2007 年	2008—2013 年	2014 年	2015 年	2016 年	2017 年
劳动力参与率	69.8	69.9	70.0	70.2	70.3	70.4
失业率	8.1	7.6	7.3	7.4	7.5	7.5
就业增长率	3.0	3.0	3.4	3.0	3.0	3.1
弱势就业	72.9	71.4	69.8	69.9	69.7	69.6
工作性贫困（低于 1.90 美元）	49.3	39.9	35.2	34.3	33.1	31.7
工作性贫困（介于 1.90 美元和 3.10 美元之间）	23.8	27.7	29.6	29.7	30.0	30.4
生产率增长	2.9	1.8	1.5	0.5	1.2	1.7

注：就业与生产率增长数据以百分比显示。就业率是相对整个经济体而言。劳动生产率以调整购买力平价之后每位工作者的真实产出来衡量。弱势就业占比指的是个体劳动者和无报酬家庭帮工之和在总就业中的占比。

资料来源：国际劳工组织基于其研究司 2015 年 11 月《趋势计量经济学模型》的计算。

2015 年，该地区失业率小幅上升至 7.4%，高于 2014 年的 7.3%。同年，女性失业率估计为 8.5%，高于 2014 年的 8.4%，与此同时，2015 年和 2014 年男性失业率估计分别为 6.4% 和 6.2%。然而，该地区的失业率仍保持在低位，这主要是因为社会保障的巨大差异迫使人们参加工作，即便是零星的、非正规的工作。相反，该地区的就业率则紧跟劳动力增长（2012 年至 2015 年，介于 3.1% 和 3.3% 之间）（ILO，2015g），其中，就业不足是一大因素。比如，在喀麦隆，就业不足估计占总就业的 75.8%（ILO，2015g）；加纳的失业率较低，为 5.2%，但在其人口中，超过三分之一的人口就业不足，且劳动力使用不足的复合比率为 47%。[13]

大量工作者发现自己属于非正规就业或弱势就业

不同的研究表明，该地区的非正规经济对国内生产总值的贡献率为 50%—80%，对就业的贡献率为 60%—80%，并创造了 90% 的新工作机会（Benjamin 和 Mbaye，2014）。在城市和农村，预计平均 10 个工作者之中就有 9 个只从事非正规工作（ILO，2009）。不同地区的非正规就业率各不相同：南部非洲的非正规就业较低，从南非的 32.7% 到纳米比亚的 43.9% 不等；在撒哈拉以南非洲的其他可提供数据的国家，该比例超过 50%，最高的要属坦桑尼亚联合共和国、马达加斯加和乌干达，他们的比例分别达到 76.2%、89.2% 和 93.5%（ILO，2013c）。

遗憾的是，非正规就业的工作者普遍从事低技能工作，工作条件不充足也不够安全，同时缺少足够的培训机会，工作时间长且工资较低，也缺乏社会保障。津巴布韦的数据显示了非正规就业、低收入水平和技能使用不充分之间的密切关系：在津巴布韦，86% 的非正规就业个人从事的是无需技能的工作，仅 8.3% 的个人从事专业或需要技能的工作。[14]

此外，在该地区，弱势就业仍普遍存在，达到总就业的 70%，而全球平均水平为 46.3%。更重要的是，没有迹象表明该比率在可预见的未来会有所下降，这让人不禁怀疑该地区减少非正规就业率和改善工作质量的能力。2015 年，在撒哈拉以南非洲的大多数国家内，从事无报酬家庭帮工的女性比例预计将高于男性。从事无报酬家庭帮工的女性在女性总就业中的占比最高的是塞内加尔、布基纳法索和加纳，分别为 75.9%，69.1% 和 49.5%。同年，在这些国家内，从事相同工种的男性在男性总就业中的占比估计分别为53.6%，23.5%和28.3%。对各国劳动力的调研也显示在非正规个体工作中，女性的占比过高。[15]

毫无疑问，鉴于非正规工种的普遍存在，以及良好性就业机会的缺乏，撒哈拉以南非洲地区向外移民的比率占全球首位。根据联合国人口统计，该地区向外移民比率达到1.5%，而全球平均水平则为1%左右。向外移民比率高的国家包括冈比亚、科特迪瓦、索马里和津巴布韦。事实证明，缺乏体面工作的机会——包括工作性贫困的高发生率以及充足社会保障的缺乏——是造成向外移民的一个重要决定因素（ILO，2014c）。

毕业后，多数年轻人从事非正规工作，还有大量年轻人选择移民，到别处寻找就业机会

在多数撒哈拉以南非洲国家内，非正规经济的普遍存在缘于针对贫困人口、女性和青年等多数弱势群体的正规就业机会比较有限。2015年，青年失业率达到11.1%，高于2014年的10.9%。青年女性的失业率高于（2015年为12.5%）青年男性（2015年为9.8%）。青年就业增长仍低于整体就业增长（2015年为2.7%）（ILO，2015b）。因此，在撒哈拉以南非洲地区，非正规就业往往是年轻人毕业后的首选。据国际劳工组织在对8个撒哈拉以南非洲国家展开的从学校过渡工作的调查中所获得的数据，在每十位青年工作者中，至少有一位从事非正规工作（ILO，2015d）。[16]很多非洲学生接受的是断断续续的教育，这往往发生在工作间歇期间，由此使他们过早地从事非正规工作，并使他们更加难以获得合适的学历或优质的工作经验。

工作性贫困呈现下降趋势，而不平等情况依然存在

撒哈拉以南非洲地区的贫困程度属全球之最。尽管近年来该地区的贫困率已经下降，但降幅远远低于其他地区（IMF，2015b）。2012年，贫困人次（日均1.90美元）的占比为42.7%，低于1990年的56.8%。比较结果显示，南亚地区近期的贫困率为18.8%，低于1990年的50.6%，而同期东南亚和太平洋地区的贫困率则为7.2%，低于1990年的60.6%。

工作性贫困也在逐步下降。2015年，贫困工作者，即按照购买力平价计算的日均收入低于3.10美元的工作者的比例为64%，未来两年内这个数字预计仅会出现小幅下降（见表6）。此外，三分之一的工作者陷入极度贫困之中（按照购买力平价计算的日均收入低于1.9美元）。撒哈拉以南非洲的收入不平等状况高居全球第二，仅次于拉丁美洲和加勒比海地区。平均而言，在那些能获得数据的国家中，占总人数五分之一的、最贫穷的人的收入（或消费）占比仅为5.9%，而同样占五分之一的、最富裕的人的收入占比为49%。[17]收入不平等在中等收入国家和一些产油国内最为严重，尽管这些国家收入高速增长，但是收入不平等仍居高不下。事实上，国内生产总值的增长似乎与不平等的加剧息息相关，在一定程度上，这可以从低经济治理水平和对大宗商品出口的高度依赖中窥见一斑（IMF，2015b）。事实证明，不平等会对增长和宏观经济稳定性产生长期的负面影响，由此可见，不平等的危害性十分严重。

对非洲而言，更为积极的成就当属不断扩张的中产阶级。日收入介于5—13美元的工作者在总员工人数中的占比已经达到13.6%，高于2000年的10.1%。然而，相较于其他地区，特别是北非，撒哈拉以南非洲地区的中产阶级扩张速度较慢（见专栏8）。

专栏8

撒哈拉以南非洲地区正逐步缩小与可持续发展目标的差距

凭借丰富的自然资源和众多青年人口，非洲有望实现近期达成的可持续发展目标（ILO，2015g）。然而，要实现这个目标，非洲仍面临着诸多障碍，特别是非洲大陆严重缺乏体面工作。如果没有得到恰当的处理，这些障碍会让非洲大陆面临风险，以致无法实现上述全球目标。国际劳工组织的非洲成员国于2015年11月30日至12月3日在亚的斯亚贝巴举行的地区会议上通过了《通过体面工作让非洲转型，从而实现可持续发展》，这份报告制定了政策重点，并明确了国际劳工组织在推动非洲大陆实现体面就业和包容性发展方面的作用。

- 人均国内生产总值增长（目标8.1）：在过去十年间，按照购买力平价计算的撒哈拉以南非洲地区的国内生产总值保持高速发展（2004年至2014年平均增速为5.9%），除了仅在近期出现3.6%的下降之外。然而，这种增长在很大程度上由大宗商品价格周期所驱动，且各国的发展依然不均衡。
- 体面工作（目标8.5）：除了相对较低的失业率和较高的劳动力参与率之外，就业不足、工作性贫困和就业质量低仍是重大问题。一些国家的就业不足率可以达到75%，而在受雇人员中，生活在极度贫困中的人口仍达到34.3%。就合法享有养老金的劳动适龄人口的比例而言，撒哈拉以南非洲地区仍是各地区最低的，稍高于35%（ILO，2015h）。该地区几乎不存在失业保障，即便存在失业保障，覆盖的范围也仅包括员工（可持续发展目标第1项和第10项）。面对这些重大挑战，国际劳工组织在该地区的46个成员国正致力于将体面工作融入国家发展策略和框架之中，并已取得了进展，而34个成员国则致力于面向可持续发展企业采取综合策略，尤其是重点支持女性企业家，也已有所成就。还有一些国家已制定政策对企业进行规范（ILO，2015g）（目标8.3）。
- 青年失业（目标8.6）：总体而言，该地区的受教育程度已经得到了提高，41%的青年接受了中学教育，而在2000年该比例仅为26%。估算显示，2010年，撒哈拉以南非洲地区内没有接受过教育、没有工作也没有参加过培训的人数达到4470万（WEF，2013）。
- 国际劳工组织劳动标准：该地区高度认同“基本劳工公约”：在该地区，仅有6个国家尚未全部批准8个基本劳工公约（ILO，2015b）。但是，该地区的国家缺乏充分的机制能力来执行这些公约，这可从该地区的国家普遍违背核心标准这方面窥见一斑（目标8.8）。根据国际劳工组织最新的全球与地区预测，撒哈拉以南非洲地区童工比例最高，每5个儿童中就有一个是童工。从绝对数字来讲，28.4%的年龄介于5—17岁之间的孩子，或者说5800万个孩子是童工（ILO，2013a），而亚太地区的比例为14.8%，拉丁美洲则为9%。此外，在该地区，3870万个年龄为5—17岁的孩子从事条件最差的童工工作（ILO，2015b）。该地区的强迫劳动和人口贩卖也依然十分严峻：在全球估算的2100万名从事强迫劳动（包括人口贩卖）的人口中，非洲有370万名（目标8.7）（ILO，2013a）。
- 性别不平等：按照联合国性别不平等指数计算，该地区性别不平等的问题仅好于阿拉伯国家和北非。然而，在过去的25年中，在撒哈拉以南非洲地区，女性在非农就业中的占比已从24%升至34%（可持续发展目标第5项）（ILO，2015b）。
- 残疾人士的就业机会：就反歧视方面的进展而言，马拉维和赞比亚分别实施《2012年残疾人士保障法》和《2012年残障人士法》。喀麦隆、埃塞俄比亚和尼日尔也分别于近期制定法律，以推动残障人士的就业。南非于2014年发布了《薪酬公平法规》，该法规列出了如何获取具有同等价值的工作的标准和指南。
- 社会对话和集体谈判：有效的社会对话对实现包容的、可持续的增长十分必要。虽然缺乏充分的数据来全面评估该地区社会对话和集体谈判的状态，但是该地区的工会密度整体较低［普遍低于5%；南非密度最高，达到24.9%（2008）］。在该地区，集体谈判的覆盖率普遍占总就业率的10%或更低（可持续发展目标第9项）（ILO，2015b）。

2.2 美洲

北 美

自 2013 年以来，扩张性货币政策和油价下跌一直助推美国的经济增长，工作机会仍以健康的速度增长[18]

美国的经济增长预计将加强。继 2014 年增速达到 2.4% 之后，其增速预计会于 2015 年达到 2.6%，2016 年达到 2.8%[19]。其前景的改善缘于油价下跌、消费者支出增加、房价和劳动力市场的复苏以及企业筹资情况的改善。因此，其经济日渐复苏，劳动力市场条件也持续得到改善。美联储对 2015 年继续实施扩张性货币政策的决定进一步促进了美国国内和全球经济。

2015 年 11 月，美国失业率为 5.0%，低于上年同期的 5.8%（失业人口从 900 万跌至 790 万，减少 110 万）。失业率已从 2013 年 1 月的 8.0% 下跌了 3 个百分点。尽管就业机会表现强劲，然而失业率的下降在一定程度上由大量失意工作者的存在和劳动力参与率的下跌所致（见表 7）。2015 年 11 月，美国国内不就业时间达 27 周，甚至更长的工作者在总失业人口中的占比达到 25.7%（210 万）。青年（16—19 岁）失业率从 2014 年 11 月的 16.6% 跌至 2015 年 11 月的 15.7%，但与成人失业率相比，该比例仍较高（ILO，2015c）。

2015 年大宗商品价格持续下跌遏制了加拿大的经济增长，也造成了失业率的升高

在 2015 年前两个季度，加拿大经济分别环比收窄 0.8% 和 0.5%，这在很大程度上归因于油价和大宗商品价格的下跌（Bank of Canada，2015）。油气相关行业占加拿大经济活动的 9%，而且该行业的低迷状态（2015 年第二季度同比下降 3.1%）已产生了严重的负面溢出效应。与非能源大宗商品相关的行业在经济中的占比达到 8%，在同一阶段，该行业也出现了缩水（同比下降 1.6%）。在 2015 年的后两个季度，国内生产总值预计会提速，因此，该年度的国内生产总值估计会达到 1.0%，而 2016 年则为 1.7%（远远低于 2014 年的 2.4%）（IMF，2015d）[20]。

随着大宗商品价格的暴跌，对加拿大元的需求也大幅跳水。2012 年 1 月至 2015 年年末，加拿大元兑美元贬值 30% 以上[21]。有猜测显示加拿大元的贬值将增强加拿大制造业的竞争地位，并促进出口的增长。这也会为该国带来更为均衡的区域经济增长。[22]然而，这并未变成现实，至少从制造业的就业来讲是如此。自 2012 年年中以来，每当加拿大元开始贬值，该国的制造业就业就会呈现下降趋势（尽管在 2015 年年底，的确出现了改善迹象）（见图 10）。[23]

加拿大的失业率从 2014 年 11 月的 6.7% 增至 2015 年 11 月的 7.1%。自 2013 年 1 月以来，加拿大的失业率一直徘徊于 7% 上下。2014 年，长期失业人口（超过一年没有就业的人口）在总失业人口中的占比达到 12.9%（163 000），这是经合组织成员国中的最低记录（OECD，2015c）。同时，在 2015 年 11 月，加拿大的青年失业率（15—24 岁）达到 12.7%，低于 2010 年 7 月的 16.4%，是成人失业率（6.1%）的两倍多一点，但远远高于全球平均水平的 2.9%（ILO，2015c）。

整体而言，加拿大创造的就业机会尚不足以吸纳新的劳动力市场参与者，从而

图 10

加拿大、美国的制造业就业情况（2007 年 1 月 =100）

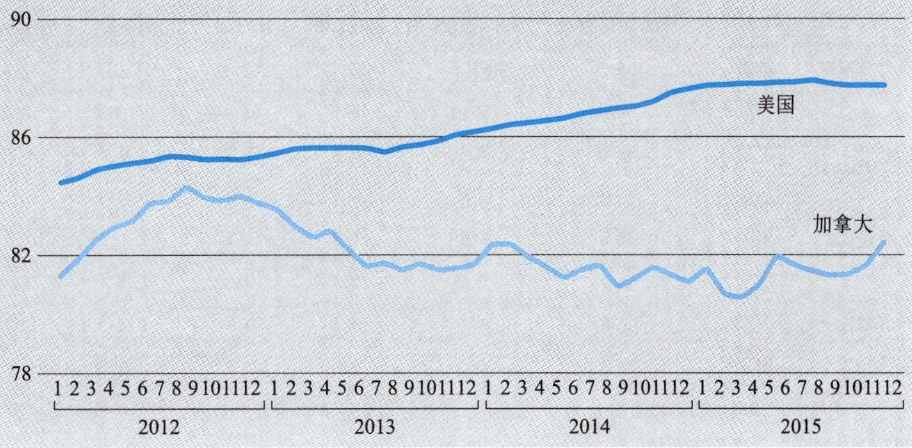

资料来源：国际劳工组织基于加拿大统计局和美国劳工统计局的数据的计算。

导致了高失业率。价格相对低廉的产品所带来的竞争力的增强需要时间来实现全面发展。该行业还必须面对墨西哥等其他国家的低成本竞争者的崛起、结构化转型和新的制造工艺所带来的挑战。

美国的劳动力参与率大幅下滑，而加拿大的劳动力参与率仅出现小幅下降

以美国为例，在 2003 年至 2008 年间，参与率保持在 66%，但之后这个比率却出现了大幅下降，降幅达到 3.4 个百分点：在 2008 年 11 月至 2015 年 11 月间，这个比率降至 62.5%。参与率的下降与周期性和结构化因素有关。虽然研究与方法论的不同会导致估算的不同，但是所有这些都显示了结构化和周期性因素在参与率的下降方面发挥了重要作用。根据布劳恩等人的研究（2014 年），美国参与率的下降，有一半原因是在人口老龄化的背景下，年长群体的参与率下跌；六分之一的原因是与之前衰退相关的周期性因素；三分之一的原因是与 2007 年金融与经济危机相关的其他因素（不包括人口老龄化和周期性因素）。

与此同时，2015 年 11 月，加拿大的劳动力参与率为 65.8%，低于 2008 年 11 月的 67.4%，跌幅为 1.6 个百分点。展望未来，加拿大的劳动力参与率预计会延续下滑趋势，只是跌幅小于美国（见表 7）。

未来两年美国的劳动力市场前景会好于加拿大

国际劳工组织的预测表明，在美国，未来两年内的失业率将延续下滑趋势，并于 2017 年达到 4.7%（见表 7）。美国这轮下降预期主要缘于其延续了稳健的工作创造的政策（2015 年为 1.7%，2016 年为 1.1%），但同时也反映了当前劳动力参与率的下滑。未来几年内，美国的劳动生产率预计将回升，但仍会是重要的政策关切点。

在加拿大，失业率预计将稳定在 7% 以下，就业率的增长预计会与劳动力增长保持同步。此外，2016 年劳动生产率的年度增长将小幅提速，并于 2017 年达到 1.9%。

表 7

2000—2017 年北美劳动力市场变化（%）

		2000—2007 年	2008—2013 年	2014 年	2015 年	2016 年	2017 年
劳动力参与率	美国	65.5	63.6	62.2	62.1	62.0	61.8
	加拿大	66.4	66.6	65.7	65.6	65.4	65.2
失业率	美国	5.1	8.3	6.3	5.3	4.9	4.7
	加拿大	7.0	7.4	6.9	6.9	6.8	6.8
就业增长	美国	0.8	-0.1	1.7	1.7	1.1	0.7
	加拿大	2.0	0.9	0.7	0.8	1.1	0.5
生产率增长	美国	1.8	1.0	0.8	0.9	1.7	2.0
	加拿大	0.8	0.5	2.0	0.3	0.6	1.9

注：就业与生产率增长数据以百分比显示。就业率是相对整个经济体而言。劳动生产率按购买力平价调整之后每位工作者的实际产出来衡量。

资料来源：国际劳工组织基于其研究司 2015 年 11 月《趋势计量经济学模型》的计算。

专栏 9

美国、加拿大的可持续发展目标

正如第一章所强调的，可持续发展目标和千年发展目标不同，该目标适用于所有国家，包括发达经济体，比如加拿大和美国。从劳动力市场而言，对这些经济体最为重要的目标包括实现性别平等（可持续发展目标第 5 项），让所有人获得体面而良好的就业机会（可持续发展目标第 8 项），以及减少不平等（可持续发展目标第 10 项）。

在针对可持续发展目标第 8 项提出的指标中，对加拿大和美国尤其重要的指标包括：

- 男女收入差距（目标 8.5 和可持续发展目标第 5 项）：在美国，当前（2015 年 10 月）女性和男性的周薪之比为 81%，这一比例十年来基本未变；在加拿大，女性和男性的周薪之比为 85%。若要实现男女收入均等，政府必须实施薪资平等法律，并在家庭责任、提供有质量保证的产品和服务、可承受的儿童抚养和老年赡养成本等方面进行社会变革。
- 青年失业和不活跃（目标 8.6）：在美国和加拿大，一个可喜的变化是青年失业率在近几年内均出现了下跌，但正如前面所讨论的，这个比率仍超过成人失业率的两倍以上。此外，2012 年，没有接受过教育、没有工作也没有参加过培训的青年估计占美国青年人口（16—24 岁）的 16.5%，2013 年，加拿大的这个比率为 13.3%（15—24 岁）（ILO，2015e）。设立项目来促进青年进入劳动力市场的做法至关重要，近几年，两个国家均在这方面获得了进展。此外，在美国，大力创造就业机会有助于降低青年失业率。
- 流动工作者的权力（目标 8.8）：从历史上来讲，加拿大和美国都对流动工作者持欢迎态度，其庞大的服务业在很大程度上有赖于流动人口。确保流动工作者继续获得应有的权力至关重要，包括那些未登记的工作者。

新的可持续发展目标在一些方面对各国提出了挑战，尤其在减少不平等和男女收入差距方面

在近期采纳的 17 项可持续发展目标中，目标 10 是为了“减少各国内部及国家间的不平等现象”。有明显的证据显示，收入不平等加剧会破坏增长和就业机会的创造（ILO et al.，2015）。此外，2015 年 11 月二十国集团发布的联合公报强调，收入不平等加剧不仅对增长会产生负面影响，而且还会使社会凝聚力和大众福祉面临严重风险。但是，用基尼系数衡量的收入不平等在美国愈发严重，而加拿大的收入不平等状况在近几年内保持稳定。特别是，在美国，基尼系数（基于可支配收入）已经从 1980 年的 0.31 升至近几年的 0.40，而在加拿大，基尼系数在过去的十年内稳定在 0.32 左右（ILO et al.，2015）。

近期的事实证明，劳动力市场机制疲软（包括低的工会成员率）与发达经济体之间的收入不平等密切相关（Jaumotte 和 Osorio Buitron，2015）。此外，在美国，不平等的主要来源是劳动力市场，即工资（Rani 和 Furer，即将发表）。在美国，虽然近期要求提高最低工资的呼声高涨，表明其向收入平等又跨出了一步，但很明显，要想逆转不平等趋势，还需出台更多措施。

要想实现可持续发展目标还需大力弥合性别差距、解决青年失业和不活跃状况，以及成功将流动工作者纳入劳动力市场（见专栏 9）。

拉丁美洲和加勒比海地区

该地区的经济放缓愈加明显

拉丁美洲和加勒比海地区的经济增长仍在减速，该地区最大的经济体巴西则深陷衰退之中。在 21 世纪前十年，该地区实现了持续的增长，而且在危机爆发伊始也保持了相对强劲的增长，但在 2011 年年中经济增速开始放缓，而且近几年的经济前景被不断地调低（IMF，2015d）。2015 年，该地区的国内生产总值估计为 0.3%，在全球排名倒数第二（仅高于东欧）。正如第 1 章在讨论新兴市场经济体时所探讨的，近期的经济减速是大宗商品价格下跌和结构化因素共同作用的结果。事实上，自 2011 年以来，该地区主要出口商品的价格均出现了大幅下降，其中包括食品和饮料（-29%）、金属（-54%）和石油（-60%）[24]。正如第 1 章所述，影响该地区的最明显的结构化因素是生产率增长乏力。[25]

然而，各地区的经济减速并不相同。中美洲国家并未在经济繁荣的 21 世纪初保持持续增长，但是目前，这些国家正稳健增长。这在一定程度上要归功于其与美国密切的经济联系。比如，2015 年，尼加拉瓜的国内生产总值估计会达到 4.0%，巴拿马则会达到 6.0%。

相比较而言，南美各国的经济表现目前正大幅减速。在 21 世纪前十年，他们的增速普遍高于地区平均水平。这样的差异在一定程度上归因于其与中国有更紧密的联系（巴西就是一个典型例子，其 2015 年的国内生产总值预计将缩水 3%）以及对大宗商品的依赖。

缺乏动力改善劳动力市场

2011 年年中至 2014 年期间，即减速的第一阶段，该地区的劳动力市场显得有

表 8

2000—2017 年拉丁美洲和加勒比海地区劳动力市场变化（%）

	2000—2007 年	2008—2013 年	2014 年	2015 年	2016 年	2017 年
劳动力参与率	64.8	65.5	65.0	65.2	65.2	65.2
失业率	8.6	6.8	6.4	6.5	6.7	6.7
就业增长	2.5	1.7	1.9	1.5	1.2	1.5
弱势就业	34.8	31.8	31.0	31.2	31.3	31.3
工作性贫困（低于 3.10 美元）	16.3	9.6	8.3	8.2	8.1	8.0
生产率增长	1.1	1.3	-0.6	-1.0	0.1	1.2

注：就业与生产率增长数据以百分比显示。就业率相对整个经济体而言。劳动生产率以购买力平价调整之后每位工作者的真实产出来衡量。弱势就业占比指的是个体劳动者和无报酬家庭帮工之和在总就业中的比率。

资料来源：国际劳工组织基于其研究司 2015 年 11 月《趋势计量经济学模型》的计算。

韧劲，但有迹象表明其劳动力市场在恶化，从新增工作的质量和数量上来讲，都是如此。2015 年，该地区的总体就业增速为 1.5%，2016 年的增速预计会降至 1.2%，而在 2000 年至 2007 年间，该地区平均增速为 2.5%，2008 年至 2013 年则为 1.7%（见表 8）。

因此，该地区 2016 年的失业率可能高于 2015 年的 6.5%，达到 6.7%，并一直保持至 2017 全年。然而，就当前经济放缓所带来的风险而言，失业只是其中的一部分。事实上，削减弱势就业的工作已陷入停滞。弱势就业预计将终结过去十年的下降趋势，在 2016 年小幅上升 0.1 个百分点（这是 2009 年以来首次出现上升）。因此，在 2016 年，该地区的 9 040 万人口将从事弱势就业，2015 年为 8 910 万。

从上行趋势来讲，工作性贫困已大幅下降。2016 年，生活在按购买力平价计算的日收入为 3.10 美元这一水平线上的工作性贫困率预计将进一步跌至 8.1%，而在 2000 年至 2007 年间，这个比率平均为 16.3%，2008 年至 2013 年间则平均为 9.6%。然而，近期的工资增长减速可能会对此造成威胁（见下面的讨论）。

过去十年来，优质就业实现了大幅发展，社会经济也取得了巨大成功，但工资增速放缓将使之面临风险

非正规就业居高不下，拉丁美洲和加勒比海地区仍因此面临挑战。2013 年，该地区非正规就业在非农就业总量中的占比估计达到 46.8%（ILO，2014a）。然而各国的情况大不相同。就非农非正规就业而言，巴西的占比为 36.4%，而洪都拉斯和危地马拉则超过 70%。非正规就业更加严重地影响了生活在最低收入水平线上的女性、青年和各个家庭。

工资增速已下降。2014 年，总体工资增速为 0.3%，而在危机爆发前的 2006 年，增速为 3.9%（ILO，2014a）。2014 年，实际最低工资增长 2.1%，而在 2006—2012 年间，平均工资增速达到 4.2%。[26]

实际工资增速的放缓可能会拖慢减贫以及收入不平等的进展——在 21 世纪前十年，该地区在这两方面取得了卓著成绩。然而，自 2010 年以来，在一些国家，收入不平等的改善已经陷入停滞。2010 年至 2012 年间，15 个国家中就有 5 个国家的基尼系数实际出现了增长（Cord et al.，2014）（见图 11）。相似地，继在 2012 年的前十年，该地区的贫困率大幅下降 15.8 个百分点之后（ECLAC，2015），在 2012 年至 2014 年间，该地区的贫困率基本稳定在 28% 左右。

图 11

基尼系数的百分比变化

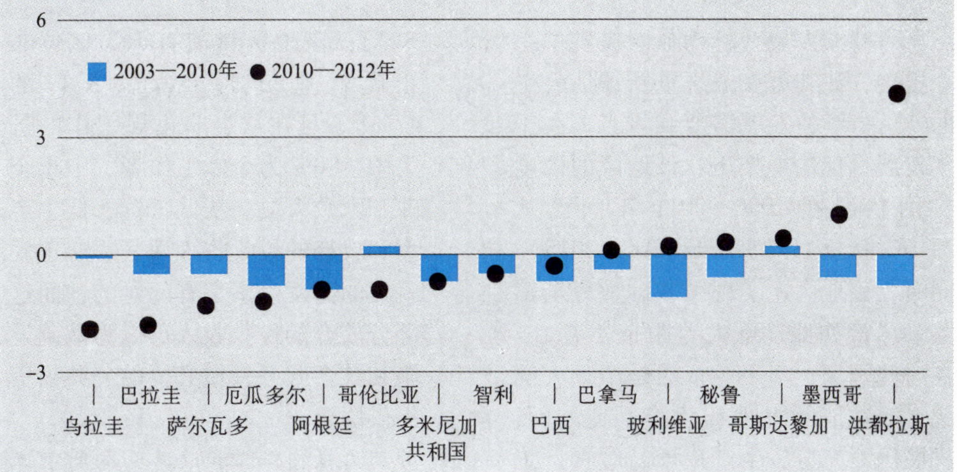

资料来源：国际劳工组织基于孔德等人（Cord et al.，2014）研究的计算。

专栏 10

拉丁美洲和加勒比海地区的积极劳动力市场政策

作为改善劳动力市场功能的政策工具，积极劳动力市场政策（ALMPs）对拉丁美洲和加勒比海地区的重要性已变得更为突出。事实上，在该地区可获得数据的多数国家内，积极劳动力市场政策的公共支出已相继上涨。对多数国家而言，积极劳动力市场政策的支出增速已明显超过失业保险的公共支出增速（Cerutti et al.，2014）。

这些趋势反映了各国正在加大力度通过政策增强劳动力的可雇佣能力，从而增加干预，帮助人们摆脱贫困（如有条件的现金转移）。对生产率停止增长（以前所述）的担忧促使政府投资于有关积极劳动力市场政策的培训活动。对公共工程计划以及该地区的公共就业制度的评估工作证明，这些干预政策对确保其成功减少非正规就业和贫困至关重要（ILO，即将发表 a）。

各国在改善劳动力市场政策方面所做的努力也值得称赞。如果设计恰当，这些政策会有助于改善非正规就业、减少贫困，并提高优质就业的成效（见专栏 10）。

这些趋势也表明社会保障体系需要增强，以便在经济下行期间维持原来的生活水平。该地区的许多国家已经扩大了健康和养老金计划的覆盖范围，养老金合法承保的劳动适龄人口占比已从 2000 年的 69.1% 的平均水平提高至 2013 年的 94.7%。相反，失业救济金的合法覆盖范围却仍十分有限（占劳动力人口的 29.4%），且其进展已经停滞（ILO，2015h）。

从全球来看，针对个体工作者和无报酬家庭帮工的保障覆盖范围普遍低于针对有组织归属员工的。由此，造成了不同工种劳动者获得合法且有效的保障之间的巨大差异。采取干预手段扩大社会保障的范围是该地区国家亟须采取的、以便满足可持续发展目标的策略的一部分（详情请参见专栏 11）。

专栏 11

拉丁美洲和加勒比海地区的可持续发展目标

可持续发展目标为各国提供了一个机会，让其可在未来重新评估公平的、可持续的发展需要和重点。在千年发展目标的框架下，该地区的极度贫困状况在 1990—2011 年间已从 22.6% 降至 11.5%（ECLAC，2015），同时，该地区还实现了基础教育全覆盖。尽管如此，重大差距依然存在。在一些国家，不平等依然是个重大问题，而在消除饥饿和营养不良方面，进展仍不充分。生产率增长缓慢、工作场的性别差异、大量非正规经济以及劳动者权利的严重不足在一些国家依然存在。因此在可持续发展目标的框架下，该地区的重点改善领域可能包括以下方面：

- 生产率、多元化、技术升级和创新（目标 8.2）：正如前文所详细描述的，拉丁美洲和加勒比海地区的增速放缓表明，该地区需要通过创新和技术升级提高生产率。此外，该地区仍极易受到商品价格的影响，这表明该地区需要为实现经济与贸易多元化做出更大努力。
- 体面工作、创业和正规化（目标 8.3）：该地区目前有 1.3 亿位非正规就业员工（占总人口的 47%），且在从事非正规工作的员工中，80% 为个体工作者、中小企业和家政人员。从低工资、低生产率和放弃的税收收入而言，非正规就业的高发生率是有问题的，而这部分放弃的税收收入可以为基础设施和社会服务领域必要的公共投资提供资金。
- 劳动力权利保障和改善面向所有工作者的安全而放心的工作环境（目标 8.8）：该地区很大一部分工作者，尤其是个体工作者、家政人员和非正规行业的员工并未受到劳动法保护。即便存在这类法律，遵从度也常常不高。
- 为青年提供更多机会（目标 8.5、8.6、8.12）：就失业率而言，该地区青年失业率是成人失业率的三倍，约 2 200 万名介于 15 至 24 岁之间的青年不工作或不上学。青年缺乏体面工作的机会意味着很多青年会从事非正规工作或成为弱势就业群体中的一员。

2.3 阿拉伯国家

油价下跌使海湾合作委员会成员国的前景恶化，而其他国家则面临着地缘政治的紧张局势和不确定性

2015 年，随着油价的进一步下跌，海湾合作委员会成员国的整体国内生产总值增速预计已从 2014 年的 3.6% 跌至 3.4%[27]。跌幅最快的当属沙特阿拉伯，该地区预计的 2015 年 3.4% 的国内生产总值增速比 2014 年 10 月的预测低 1 个百分点（远低于 2000—2011 年间的 5.5% 的平均增速），而巴林的增速则预计下滑 2.1 个百分点。

2015 年，就石油出口收入而言，海湾合作委员会成员国估计跌至 2870 亿美元（占国内生产总值的 21%），而非海湾合作委员会成员国则跌至 900 亿美元（占国内生产总值的 11%）（IMF，2015d）。因此，这些国家的预算顺差（2014 年为 4.5%）将变为预算赤字（2015 年占国内生产总值的 8%）。该地区很多经济体都高度依赖石油出口带来的收入，因此，他们很可能会缩减公共支出，这可能包括减少支持公共部门就业的公共支出，后者目前高于国际标准。[28]

此外，该地区的其他国家，比如伊拉克、约旦、黎巴嫩和也门，都将继续面临政治不稳定和地缘政治紧张的问题，其中有一些国家还面临激烈冲突。这让约旦和黎巴嫩的经济增速大幅放缓：2015 年，两国的国内生产总值增速估计分别为 2.0% 和 2.9%，远远低于其在 2000 年至 2011 年间的平均增速，分别为 5.8% 和 4.8%。在伊拉克和也门，油价低迷也恶化了各自的经济前景。在叙利亚，当前的军事冲突影响了该国的经济和劳动力市场的发展。

非海湾合作委员会成员国的失业、弱势就业和工作性贫困情况预计将进一步恶化

2016 年，随着该地区的经济增速预计小幅改善，海湾合作委员会成员国的劳动力市场情况预计将得以稳定（见表 9）。同年，就业增速（1.6%）预计将小幅超过劳动力增速，因此，失业率将小幅上升至 4.6%，这一数字将一直延续至 2017 年。然而，对于非海湾合作委员会成员国，失业率预计将保持高企，并于 2016 年进一步上升至 15.4%（2017 年进一步小幅升高）。

除此之外，2015 年，非海湾合作委员会成员国的弱势就业率上升整整 1 个百分点，并预计将于 2016 年得到改善，但仍会通过 33%，这意味着，在非海湾合作委员会成员国，近 800 万工作者属于弱势就业群体。这与海湾合作委员会成员国恰好形成鲜明对比，后者的弱势就业率不到 3%。

相似的，非海湾合作委员会成员国的工作性贫困（按购买力平价计算，日收入低于 3.1 美元）发生率从 2014 年的 31.8% 增至 2015 年的 38%（见表 9）。据预测，2016 年该发生率将下滑至 36%，并于 2017 年进一步下滑至 34.4%。该工作性贫困预测仍高于 2008—2013 年的平均值，并与 2000 年至 2007 年间的水平持平。在海湾合作委员会成员国国内，虽然工作性贫困发生率较低（2015 年为 6.9%），但自 2011 年以来，该发生率一直在小幅上升。

除此之外，该地区一大部分人口仍保持在劳动力市场之外。2015 年，非海湾合作委员会成员国的劳动力参与率预计将保持在 44.3%，而在海湾合作委员会成员国，这个数字将仍小幅高于 63.9% 的全球平均水平，该数字指的是适龄劳动人口的比例。这个差距在很大程度上反映了非海湾合作委员会成员国极低的女性参与率。2015 年，非海湾合作委员会成员国的女性参与率仅为 18.0%，比海湾合作委员会成员国低近 10 个百分点。

表 9

2000—2017 年阿拉伯国家的劳动力市场展望（%）

		2000—2007 年	2008—2013 年	2014 年	2015 年	2016 年	2017 年
劳动力参与率	海湾合作委员会	57.2	62.0	63.7	63.9	63.6	63.2
	非海湾合作委员会	44.7	44.2	44.3	44.3	44.5	44.6
失业率	海湾合作委员会	4.4	4.5	4.7	4.7	4.6	4.6
	非海湾合作委员会	15.5	14.4	15.1	15.2	15.4	15.3
就业增长	海湾合作委员会	6.0	6.3	2.9	2.9	1.6	1.4
	非海湾合作委员会	3.0	2.6	2.7	2.4	2.9	3.4
弱势就业	海湾合作委员会	3.9	2.9	2.7	2.7	2.7	2.7
	非海湾合作委员会	36.0	31.1	33.1	34.2	33.3	33.1
工作性贫困（低于 3.10 美元）	海湾合作委员会	6.7	6.7	6.9	6.9	6.8	6.8
	非海湾合作委员会	34.4	31.9	31.8	38.0	36.0	34.4
生产率增长	海湾合作委员会	-0.7	-2.4	0.1	0.3	1.7	1.7
	非海湾合作委员会	1.1	3.3	-0.4	-1.3	1.9	1.4

注：就业与生产率增长数据以百分比显示。就业率相对整个经济体而言。劳动生产率以购买力平价调整之后每位工作者的实际产出来衡量。弱势就业占比指的是个体劳动者和无报酬家庭帮工之和在总就业中的比率。海湾合作委员会成员指的是加入海湾合作委员会的国家，包括巴林、科威特、阿曼、卡塔尔、沙特阿拉伯和阿拉伯联合酋长国。非海湾合作委员会国家指的是伊拉克、黎巴嫩、约旦河西岸和加沙地区，以及也门。

资料来源：国际劳工组织基于其研究司 2015 年 11 月《趋势计量经济学模型》的计算。

与此同时，青年不进入劳动力市场所带来的风险仍是该地区普遍亟须解决的一大问题。在海湾合作委员会成员国，只有四分之一的青年进入劳动力市场，而在非海湾合作委员会成员国，每五位青年中，只有一位参与劳动力市场。如此低的女性和青年劳动力参与率在一定程度上归因于根深蒂固的社会和经济传统，但高度依赖公共部门就业也对此起了推波助澜的重要作用。

尽管该地区多数国家的受教育程度实现了大幅提升，但在阿拉伯地区，技能与就业机会的错配仍然存在于私营行业。比如，在黎巴嫩，半数以上的雇主表示，缺乏受到充分教育的从业者仍是限制其发展的主要问题。目前的挑战是更好地匹配青年毕业生的技能与私营行业真正需要的技能。近期，各国都在朝这个方向努力，纷纷提供职业培训和其他技能培训计划。

随着劳动力的快速增长，就业机会创造不足的问题预计在不久的将来会进一步恶化，尤其是在伊拉克、约旦和黎巴嫩等叙利亚难民人数稳定增长的国家（见专栏 12）。

流动工作者往往从事工作条件较差的低薪工作

在地区总就业中，流动工作者发生率达到全球之最，为 35.6%——占全球总流动工作者的 11.7%（ILO，2015f）。仅海湾合作委员会一个地区的流动工作者就达到 2900 万人，近几年，这些人口多数来自南亚、东南亚和太平洋地区，还包括周边其他阿拉伯国家，比如埃及。在海湾合作委员会国家中，私营行业的从业者大多是流动工作者。在那里，他们被视为临时工作者，常常从事低薪工作，且工作条件远差于其他从业者。在整个海湾合作委员会国家中，流动人口占总人口的比例平均达到 41%，但是各国的情况各不相同，从阿曼和沙特阿拉伯的 30% 左右到卡塔尔的 87% 不等（Baldwin - Edwards，2011）。

阿拉伯国家也是人员大幅流动的典型国家——该情况因为伊拉克、叙利亚等国人员外流而加剧。事实上，多数近期的估算显示，2014 年年末，该地区的难民人数已达 250 万，与此同时，比该数字更多的区内人员已经转移至他处。除了这种迁移所引发的人道主义危机之外，人口的大量流动正在影响输出国和输入国的经济与劳动力市场（见专栏 12）。

专栏 12

阿拉伯地区的难民危机和经济挑战

多数近期的估算显示，约 60% 的全球难民来自阿拉伯国家，这主要由伊拉克、利比亚、叙利亚和也门当前的冲突所致。[1] 约 400 万名难民来自叙利亚和伊拉克，其中很多难民暂时在周围国家寻求庇护。难民人口占黎巴嫩总人口的 25%，占约旦总人口的 10%，而土耳其则接收了 230 万名叙利亚难民。

当前的冲突削减了人力资本存量和实体基础设施，颠覆了生产与贸易，延长了不确定性，并削弱了对该地区多数经济体的信心，继而影响了经济活动和增长（IMF，2015d）。叙利亚为例，其需要在大概 20 年内保持国内生产总值年均 3% 的增速，才能达到 2010 年的同等产出水平。研究显示，冲突过后的复苏在很大程度上依赖一国经济/机构的发展、经济结构（如是否依赖石油）、战争历时和国际援助（Sab，2014；UN ESCWA，2014）。比如，20 年后黎巴嫩的国内生产总值才能恢复过来，而在科威特，这个时间只需 7 年，在伊拉克，复苏的时间更是短至 12 个月。

在接收国，流动人口的涌入对其财政有很大影响，不仅公共服务被过度使用，而且还在将流动人口纳入从业人员方面对其提出挑战（Stave and Hillesund，2015）。短期内，流动人口经常只能供职于非正规部门。叙利亚和伊拉克的邻国也因此受到波及，比如地区商业和资本流动受到颠覆，以及因住房和不动产的需求飙升而带来的价格效应（IMF，2014 and 2015c）。一些估算显示，在黎巴嫩和约旦，与叙利亚危机相关的健康、教育和基础设施等支出增加造成的直接财政成本，大约是国内生产总值的 1%。[2] 尽管如此，除了所估算的对接收国经济造成的短期成本之外，大量涌入的流动人口是一项长期资源。随着难民逐步融入当地的劳动力市场，经济增长和内需预计将得到改善。比如，国际劳工组织的一项初步研究显示，叙利亚的直接投资加速了工业活动，继而使约旦受益良多，同时还为叙利亚和约旦创造了就业机会（IMF，2014c）。

1. 此处的统计数据包括利比亚的数据，但在国际劳工组织的国家和地区分类中，叙利亚被视为北非地区的一部分。资料来源：联合国难民署人口统计数据库：http://popstats. unhcr. org/en/overview#_ ga = 1. 76466773. 1982046382. 1450473222［截至 2015 年 12 月 17 日］。

2. https://www. imf. org/external/np/g20/pdf/2015/111515background. pdf［截至 2015 年 12 月 9 日］。

可持续发展目标的实现要求营造和平的环境，同时消除性别差距和青年失业

除了需要重塑和平以恢复经济增长之外，该地区在实现可持续发展目标方面还面临着各种挑战。弥合劳动力市场上的性别差距就是其中之一（见专栏 13）。在该地区，女性失业率几乎是男性的 3 倍，为在全球最高。此外，男女劳动力参与率的差距也是全球之最，数值达到 55 个百分点，而全球平均水平为 26 个百分点（见图 12）。

青年失业率也居高不下，2015 年达到 28. 4%，几乎是成人失业率的 5 倍（见图 12）。[29] 鉴于该地区青年受教育程度上升以及缺乏足够的就业机会——或者说更普遍地参与社会生产的机会——社会动荡也普遍比较严重。事实上，除了巴林的青年失业率低于平均水平之外，该地区的青年失业率似乎与录得的动荡发生率之间存在正相关关系。当然，政治和民主因素常常是引起动荡的主要原因，但是低迷的就业市场也起了促进作用。在过去 5 年内，除了卡塔尔和阿联酋之外，在该地区多数国家内，社会动荡似乎都变得更加频繁起来。

图 12

2015 年阿拉伯国家的性别和青年劳动力市场差距

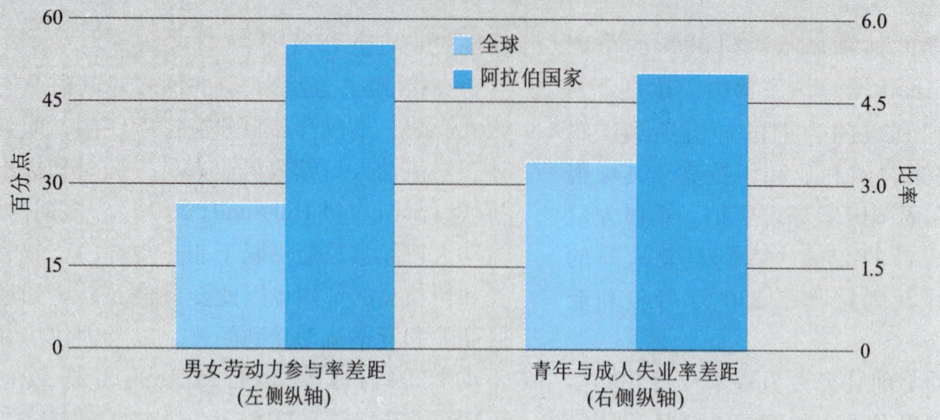

资料来源：国际劳工组织基于其研究司 2015 年 11 月《趋势计量经济学模型》的计算。

专栏 13

可持续发展目标与阿拉伯国家

阿拉伯地区在实现千年发展目标方面取得了重大进展，而当前该地区的冲突却抵消了其中的一些成绩（UN ESCWA，2013）。无疑，反映体面工作匮乏的诸多指标仍然存在：高失业率（尤其是青年和女性失业率）、不均衡的社会保障、不断恶化的工作条件以及不充分的劳动标准，其中包括工作者权利的保障。如果阿拉伯国家实现可持续发展目标第 8 项和目标 8.5－8.8，那么针对劳动力市场的这些挑战以及针对社会保障和流动人口、家政人员的挑战都需各界关注。

- 为所有男女提供全面且良好的就业和体面工作（目标 8.5）：该目标要求阿拉伯国家解决日益缺乏的体面工作的机会，其中包括青年和女性（这些人接受了更好的教育）的就业机会的缺乏。
- 减少没有接受过教育、没有工作也没有参加过培训的青年的比例（目标 8.6）：目前在阿拉伯国家，每三名男性青年中就有一名失业，而就女性而言，则是每两名女性青年就有一名失业。因此，要实现这个目标需要做出大量的努力。这与技能发展密切相关（目标 4.4），技能的发展通过消除技能错配有助于解决青年失业问题。虽然该地区多数国家都制定了青年策略，但是他们一般缺乏资源或面临因地缘政治的紧张局势造成的不确定性。
- 取缔强迫劳动、现代奴役、人口贩卖以及最恶劣的童工工种（目标 8.7）：由于阿拉伯国家严重依赖流动工作者，强迫劳动和人口贩卖的风险不可忽视。此外，随着难民危机的升级（见专栏 12），童工问题在冲突频发地区（伊拉克和叙利亚）和接收国（黎巴嫩和约旦）变得日益普遍。
- 保障劳动者权利，并促使各国为流动人口在内的所有工作者提供安全放心的工作条件（目标 8.8）：在阿拉伯国家，很少有机会，或在一些情况下根本没有机会把社会伙伴纳入经济和发展政策之中。目前在许多国家，人们并没有真正的结社自由，这使得人们无法通过有代表性的、民主工会来主张和确立工作者权利。
- 社会保障底线（目标 1.3）和与消除不平等相关的工资与社会保障（目标 10.4）对阿拉伯国家同等重要。目前，该地区的社会保障体系并不均衡且十分分散。养老金覆盖范围相对较低，健康体系一般并未受到充分重视且缺乏足够的资金。另外，海湾合作委员会成员国和非海湾合作委员会成员国之间存在巨大差异，前者能提供更多享受社会保障和健康服务的机会。
- 针对家政人员的目标 5.4 和针对流动人口的目标 10.7 对该地区至关重要。大量难民的涌入以及对流动工作者的依赖引发了对公平待遇的广泛探讨。比如，该地区共有 210 万名家政人员（在有偿就业总人数中占 3.6%），他们需要更好的保障，享受基本权利以及更好的工作条件（ILO，2013b）。

2.4 亚太地区

中国经济增速放缓，大宗商品价格长期下跌，增加了该地区的增长负担

亚太地区的经济因中国低于预期的增速和大宗商品的价格下滑而备受影响。中国的经济达到该地区总产出的40%左右，而大宗商品价格下滑则使该地区的商品出口国遭到重创。尽管这种关联并不是一维的（见第一章），但是随着风险程度和脆弱性的不同，正如图13所显示的变化，这的确仍是该地区亟须改变的一个方面。

2015年，中国的经济增速在20多年以来首次降至7%以下（降到6.8%）。随着中国加大对技术密集型制造业的投资，并将发展重点转移至服务业和高附加值的行业，该国及其贸易合作伙伴均将迎来新的机会，特别是东盟经济体。中国提出的旨在重建丝绸之路贸易联系的“一带一路”倡议可能会帮助中国建筑业减少人员流失，推高该地区对原材料的需求，并创造就业机会。

然而，对原材料需求的降低会抑制中国对主要地区贸易合作伙伴的进口需求，继而抑制该地区的就业情况，这些合作伙伴包括澳大利亚、印度尼西亚和蒙古。2015年，所有这些国家的经济增速纷纷放缓。对大宗商品的依赖性相对较低的国家，比如泰国和越南，仍实现了不断加快的经济增速。然而，整体而言，2014年至2015年，该地区的增速从5.5%跌至5.3%，远远低于2010年至2014年间5.6%的年平均增速。

2016年，影响该地区经济前景，继而影响该地区就业和社会前景的一大风险是该地区主要的大宗商品出口国能从多大程度上抵消对中国进口需求降低所带来的影响。亚太地区的发展中市场和新兴市场预计也将面临资本流出和金融市场动荡的困境。这有可能导致外国直接投资降低，以及更加趋紧的金融状况，从而抑制商业创新和扩张。对美元进一步升值的预期也可能催生不利于印度等商品出口国的贸易条件，并给那些外债负担沉重的亚太区企业带来特殊问题。

图 13

部分国家与中国的贸易联系及其国内生产总值增速的变化（百分比）

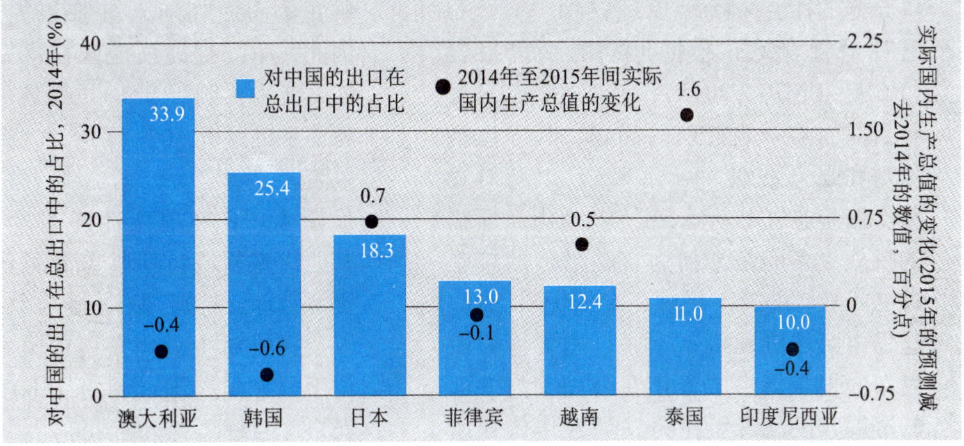

资料来源：国际劳工组织基于其研究司2015年11月《趋势计量经济学模型》的计算。

专栏 14

平衡亚太地区的经济、社会和环境方面的可持续发展目标

亚太地区的人口超过全球人口的半数，总的国内生产总值占全球总数的三分之一，一些国家的经济增速也是世界最快的，然而，该地区面临着如何以一个环境可持续的方式将快速的经济增长与充分的就业机会综合在一起的挑战——这也是关于后“2015 议程”的一次地区性探讨确定的重点领域（ECE et al.，2013）。这突出了后“2015 可持续发展议程”的重要内容，而不仅仅是实现促进连续的、包容的和可持续的经济增长，实现全面且良好的就业和向全体人口提供体面的工作这个目标（可持续发展目标第 8 项）。对亚太地区而言，特别需要通过逐步改善消费和生产的资源效率来割裂经济增长和环境恶化的关系（目标 8.4）。随着在巴黎举行的第二十一次缔约方会议上做出的承诺被采纳，发展方向已变得更加明朗。

- 脱贫：鉴于全球极度贫困人口的一半以上来自亚太地区，使该地区实现可持续发展的头等大事是需要消除极度贫困（目标 1.1），并减少整体贫困（目标 1.2）。就此而言，体面的良好就业机会至关重要，这使得提高极度贫困人口的生产率变得愈加紧迫（目标 8.2），以便所有女性和男性均能获得全面且良好的就业机会和体面的工作（目标 8.5）。脱贫工作的一项基本要素是每个国家均提供充分的社会保障底线（目标 1.3）。
- 青年就业挑战：根据近期的一份报告（RCM - UNDG，2015），该地区的部分青年目前面临一些特别的问题，其中包括早婚和强迫婚姻（目标 5.3）以及对青年女性施暴（目标 5.2）。其他国家面临的挑战更多的是如何为日益增多的接受过高等教育的青年提供充足的优质工作。这份由区域协调机制 - 联合国发展集团发布的报告指出了青年在公民参与方面的进展，以及青年作为发展合作伙伴所处的地位（可持续发展目标第 17 项）。
- 性别不平等：亚太地区特别是南亚的女性在劳动力市场上处于显著的不利位置。因此，需要采取措施认可无偿护理人员和家政人员在提供公共产品和服务以及基础设施的过程中——包括通过社会保障政策——对经济做出的贡献（目标 5.4）。有关这方面的创新已取得了一些进展，其中包括印度的全国农村就业保障计划，该计划向从事有益的公共项目工作的家庭提供百天有偿薪资保证。实施近十年以来，该项计划已经帮助印度减少了贫困人口，并吸引数百万女性从事有偿工作。此外，亚太地区还需要实施改革，以根据国家法律赋予女性平等的获得经济资源的权利（目标 5a）。
- 流动工作者：保障劳动者，特别是流动工作者的权利，并构建安全放心的工作环境（目标 8.8），对一个拥有数百万流动人口，并向其他国家输送更多人员的地区至关重要。促进这些工作者及其祖国之间的汇款也有助于减少不平等（目标 10c）。
- 自然灾害和气候变化：该地区的自然灾害发生情况和气候变化也需要特别关注。由于极度贫困与中度贫困之间存在极小的差距，数百万人口将因自然灾害和气候变化而面临陷入饥饿和贫穷的风险。因此，亟需提高该地区在这方面的快速恢复能力（目标 3.1）。而该地区社会保障体系的不足（目标 1.3）将加剧这种风险。
- 资源管理：在地区性咨询过程中发现，其他优先领域包括改善能源获取和自然资源管理，特别是海上生态系统的管理，以及提供对小岛屿发展中国家，尤其是位于太平洋岛国（目标 13b）和小规模农户（目标 2.3）的支持。

就业机会的创造增速缓慢

整体而言，尽管该地区在2015年净创造了2100万个新岗位，但总就业的增长依然低于总劳动适龄人口的增长。2015年，就业对劳动适龄人口的占比预计会小幅下降，并且在未来一两年内将延续这种颓势。此外，在新增就业机会中，许多属于非正规和弱势就业。

可以解释亚太地区就业率下降的一个主要因素是更多的青年人口转向接受中等和高等教育（ILO，2015e）。除了这个喜闻乐见的趋势之外，在这些加入劳动力市场的青年中，失业发生率仍远远高于成人的失业发生率。在东南亚和太平洋地区，青年失业率是成人失业率的5倍左右，在东亚和南亚，这个比率为3—4倍。此外，面向该地区开展的学校到工作的过渡调查显示，青年常常接受与其资格不匹配的岗位（RCM－UNDG，2015）。就青年而言，受教育程度越高，则越倾向于花更长的时间来等待更适合的工作，而受教育程度越低，则常常因选择有限而不得不接受任何形式的现有岗位。

女性的劳动力参与率依然是个严峻的挑战，特别是在南亚，那里的男女差距在全球分区中位列第三，仅次于阿拉伯国家和北非。2015年，南亚的女性劳动力参与率估计达到28.2%，远远低于东亚的61.9%及东南亚和太平洋地区的58.8%。此外，在过去十年间，南亚的男女劳动力参与率的差距已进一步恶化。2015年，女性参与率比男性参与率低51.1个百分点，比十年前的男女差距高4.0个百分点（见专栏14）。尽管东亚的男女差距低于南亚，但在过去的十年间，东亚的这个比例也已升高。

弱势就业和工作性贫困出现可喜的下降趋势

2015年，东亚贫困工作者的占比，即按购买力平价计算的日收入低于3.10美元的工作者，预计将跌至11.2%，东南亚和太平洋地区为25.7%，南亚则为45.5%（见表10）。以南亚为例，自2000年以来，极度贫困的工作者（即按购买力平价计算的日收入低于1.90美元的工作者）人数已大幅下滑，从2000年的42.2%跌至2008年的33%，并进一步跌至2015年的18.1%。据预测，在未来两年内，该比例将进一步下跌。

其中一部分原因是一些经济体正逐步向生产高附加值产品转移，高附加值产品通常会增加工资，并改善就业质量。还有一些国家的劳动力市场出现紧缩，其背后的一部分原因是大范围的薪资增长，这同样也让处于薪资分配底端的劳动者受益。最低薪资政策和最低薪资上浮对该地区的发展做出了特别重要的贡献。比如，缅甸于2015年首次实施了最低薪资政策，以提升工作者的收入，同时让自己成为该地区的又一个制衣中心，而柬埔寨、印度尼西亚和越南则大幅提高了一些部门和地区的最低工资。在未来几年内，尽管南亚的工作性贫困发生率仍将保持仅次于撒哈拉以南非洲的地位，但每个分区预计都将延续这个良性趋势。

由于该地区多数国家都将继续保持增长，且他们将发展更强的机构能力，该地区的弱势就业占比预计将逐步减少。但是，弱势就业仍将保持相对较高的比率，特别是在东南亚和太平洋地区，及南亚地区。2015年这两个地区的弱势就业率分别达到54.1%和73.6%。在拥有诸多非正规部门的国家内，比如柬埔寨、印度尼西亚和缅甸，高弱势就业占比仍将延续，达到60%，并且目前没有迹象表明在未来的几年内，这些比例会下降。

表 10

2000—2017 年亚太地区劳动力市场变化（%）

		2000—2007 年	2008—2013 年	2014 年	2015 年	2016 年	2017 年
劳动力参与率	东亚	73.4	69.9	69.6	69.5	69.3	69.1
	东南亚和太平洋地区	70.2	70.2	70.1	69.9	69.9	69.9
	南亚	59.3	56.2	54.5	54.4	54.5	54.6
失业率	东亚	4.3	4.4	4.5	4.5	4.5	4.6
	东南亚和太平洋地区	6.1	4.8	4.3	4.4	4.3	4.2
	南亚	4.6	4.3	4.2	4.1	4.1	4.0
就业增长	东亚	0.9	0.4	0.4	0.3	0.2	0.1
	东南亚和太平洋地区	1.8	1.9	1.5	1.4	1.4	1.5
	南亚	2.3	0.9	1.7	2.1	2.0	2.0
弱势就业	东亚	55.1	46.3	42.6	42.1	41.6	41.3
	东南亚和太平洋地区	59.6	56.4	54.4	54.1	53.7	53.3
	南亚	79.4	76.1	74.1	73.6	73.3	72.8
工作性贫困（日收入低于 1.90 美元）	东亚	20.8	7.7	5.2	4.9	4.6	4.4
	东南亚和太平洋地区	27.6	13.1	8.9	8.4	8.0	7.6
	南亚	39.0	27.1	19.3	18.1	17.0	16.1
工作性贫困（日收入介于 1.90 美元和 3.10 美元）	东亚	22.1	11.1	7.0	6.3	5.7	5.2
	东南亚和太平洋地区	25.5	21.6	18.4	17.3	16.2	15.0
	南亚	32.2	31.5	28.4	27.4	26.3	25.1
生产率增长	东亚	5.7	5.7	5.1	4.9	4.8	4.7
	东南亚和太平洋地区	3.1	2.7	2.7	2.8	3.1	3.4
	南亚	4.1	4.6	4.5	4.3	4.6	4.8

注：就业与生产率增长数据以百分比显示。就业率相对整个经济体而言。劳动生产率以调整购买力平价之后每位工作者的实际产出来衡量。弱势就业占比指的是个体劳动者和无报酬家庭帮工之和在总就业中的比率。东亚的工作性贫困数据不包括日本的数据，因为该国的工作性贫困发生率可以忽略。

资料来源：国际劳工组织基于其研究司 2015 年 11 月《趋势计量经济学模型》的计算。

专栏 15

地区合作与流动工作者保障

随着大量的工作者从亚太地区流向海湾国家，卡塔尔等主要接收国 2015 年纷纷作出改革承诺。在东南亚和太平洋地区，尽管《关于保障和促进流动人口权利的东盟宣言（2007）》尚未实施，但这份宣言要求东盟经济共同体维护流动工作者的权利。

2014 年末，一些亚洲政府将保障流动工作者纳入南亚区域合作联盟的区域合作议程之中。这对尼泊尔等国特别重要：2014 年，50 多万的尼泊尔公民离开该国到海外寻求工作机会，2011 年，每四个家庭中就有一家有家庭成员在海外就业（2001 年，这个比例为每十个家庭中有一家）。[1] 为了改善面向工作者的移民渠道和安全性管理，2015 年 10 月初，国际劳工组织（连同欧盟、海外就业促进委员会、海外尼泊尔人协会）组建了海外就业信息和咨询中心。

1 人口迁移政策中心：《重新界定尼泊尔：后冲突和后灾难社会的内部迁移》，*http：//www. migrationpolicy. org/article/redefining - nepal - internal - migration - post - conflict - post - disaster - society*。

新的区域一体化协议可以提供更多的就业机会，但要求采取更多举措解决不平等问题

亚太地区正积极通过各种磋商协定实现经济一体化，其中包括东盟经济共同体和泛太平洋伙伴关系。

东盟经济共同体预计会创造净工作机会，这在一定程度上是由该区域较大的劳动力流动性所推动的。预测显示，随着东盟经济共同体开始发挥作用，到 2025 年前，将创造 1400 万个新工作岗位，当然，其前提是协议得到充分实施（ILO and ADB，2014）。该地区的大量移民活动是由拥有更多青年人口的贫穷国家向更为富裕且受老龄化困扰的经济体迁移所致。比如，在 1990—2013 年间，马来西亚、新加坡和泰国是主要的移民中心，其移民总人数约占东盟内部总移民人数的 97%。东盟经济共同体内部更为频繁的贸易流动可能会对就业产生影响，主要是制造业和劳动力更为密集的行业。

在提供潜在好处的同时，当前东盟经济共同体的安排可能也会加剧各国间的不平等。就目前而言，东盟成员国已就一些高技能行业制定了双边认证协定，这些行业包括会计、建筑、牙科、工程、医药、护理、评估和旅游。这些双边认证协定仅覆盖成员国整体就业中的一小部分（印度尼西亚为 0.3%，泰国 0.8%，越南 1.4%）。因此，就从事这些协定覆盖范围之外的工作的流动人口而言，他们的资格将继续不受认可，而这些协定所重点突出的高技能岗位可能会因一些国家无力提供有竞争力的薪资而造成“人才流失”。

泛太平洋伙伴关系协定是最新的安排，旨在促进亚太地区的一体化进程，一些亚太国家也签订了该协定。当未来泛太平洋伙伴关系协定生效时，将提供潜在的经济和就业机会，尽管该协定与东盟经济共同体面临着同样的风险，即成员国可能会就“最差”竞争力举措展开竞争。为减少这种竞争，同时也随着全球各国加强对全球价值链的工作条件和标准的关注，泛太平洋伙伴关系协定涵盖了面向所有缔约国的一项共识，让其“在法律和实践中，制定并维护《国际劳工组织 1998 年宣言》所认可的劳动者的基本权利”。这要求各国政府和企业采取进一步行动改善劳动者的工作条件和工作中的各项权利，这同样适用于流动人口（见专栏 15）。比如，马来西亚预计将在短期内解决流动劳工问题，而越南政府已经宣布，其将根据国际劳工组织的基本原则，修订劳动者法案。对尚未签订但明确表示要加入泛太平洋伙伴关系协定的国家，比如印度尼西亚，这可能也会让这些国家加大力度提高针对其工作者的各项标准。

2.5 欧洲与中亚

北欧、南欧和西欧

在欧洲国家，国内生产总值显示出温和的复苏迹象，但对新兴市场的敞口在2016年会带来风险

北欧、南欧和西欧还在从全球危机以及随之而起的主权债务危机中缓慢复苏。2015年，该地区的经济预计增长1.6%，高于2014年的1.3%和2013年的0.2%。实际上，在2012年至2014年间录得零增长或负增长的许多经济体预计最终会在2015年实现国内生产总值正增长。这些国家包括塞浦路斯（1.2%）、意大利（0.9%）、葡萄牙（1.6%）、斯洛文尼亚（2.6%）和西班牙（3.1%）。近期积极的经济表现建立在广泛的基础之上，其中包括消费增长上升、出口增多、宏观经济调控，尤其是欧洲中央银行实施的量化宽松政策（European Commission，2015a）。

尽管该地区近65%的贸易额来自该地区内其他国家，但是北欧、南欧和西欧和中国及其他新兴市场保持着密切关系，该地区近四分之一的出口流向新兴经济体，其中中国占很大一部分[30]。特别是，国际货币基金组织的最近估算显示，新兴市场增速放缓会导致欧元区的产出降低1.5%，其中德国受到的影响最大（IMF，2014）。因此，2016年和2017年新兴市场的经济表现无疑会决定该地区的经济前景。但是，美国经济的强劲表现应能帮助该地区消除新兴经济体带来的下行风险。

劳动力市场条件正缓慢改善，并将在短期内延续这种趋势

鉴于经济的温和复苏，包括欧元区国家在内的本地区劳动力市场已开始改善（见专栏16）。2015年的地区失业率预计达到10.1%，低于2014年的10.7%——这是2011年以来的最低记录（见表12）。南欧国家的改善最为明显。在希腊、葡萄牙和西班牙，失业率已从很高的顶峰滑落，仅在上年一年内，跌幅平均达到两个百分点（尽管希腊和西班牙的失业率仍高于20%）。该地区青年失业率预计也已下降，但降幅有限，从2014年的21.8%跌至2015年的20.6%（这是全球最高的比率之一，仅次于阿拉伯国家和北非）。

未来几年内，地区失业率预测将继续稳步下降，并于2017年达到9.7%（见表12）。如果预测比率实现，那将是2009年以来的最低记录。受益于能源价格下跌和欧元贬值，以出口为导向的南欧国家将以快于预期的速度创造更多的就业机会，这些南欧国家包括西班牙、葡萄牙，以及最近得到改善的意大利。

尽管如此，作为预测的最后一项，该地区几乎所有国家，除了德国和英国之外，都将延续失业率高于危机前水平的趋势。此外，在该地区的总失业人口中，长期失业人口将继续占据很大一部分。2015年第二季度，该地区约一半的失业人口已失业一年，甚至更久。同时，在很多经济体内，长期失业人口的占比将继续增长。比如，从2013年第二季度到2015年的第二季度，保加利亚（7.4个百分点以上）、塞浦路斯（10.1个百分点以上）和希腊（8个百分点以上）的长期失业率大幅上升（European Commission，2015b）。长期失业人口可能会面临技能削弱、可雇佣性降低且更易陷入贫困等问题。在所有失业人口中，近一半的人口面临陷入贫穷的风险。

专栏 16

2000—2017 年北欧、西欧、南欧的劳动力市场变化

根据国际劳工组织最新的地区分类来看，北欧、西欧和南欧地区涵盖34个国家，几乎囊括了欧元区的经济体，除了斯洛伐克之外（国际劳工组织将其划分为东欧国家，见附录A）。虽然欧元区的国家仅占该地区劳动力的65%，但是以下分析根据其在目前的政策讨论中的相关性简要地总结了欧元区劳动力市场的发展情况。

2015年，欧元区的经济预测增长1.5%，但其增速将在未来几年内小幅加快，并可于2017年达到1.7%。鉴于在2012年至2013年间，该地区国内生产总值平均降低0.5%，并于2014年出现小幅上升（0.8%以上），这样的增速是明显的改善。因此，2015年失业率应该降至10.9%，低于2014年的11.6%（见表11）。但是，欧元区的失业率仍将保持高位。在整个预测期间，失业率预计将保持在10%以上，到2017年，这个比率将只下降0.5个百分点，而主要的发达国家的平均失业率在2017年为6.6%。

岗位创造预计将保持较低的速度，因而无法大大降低失业率。2015年，受雇人员数目预计将仅增长0.6%，在2016年至2017年间的年均增速将在此基础上仅增长0.2%。欧元区的劳动力参与率必将小幅下跌，这从一定程度上反映了长期失业人口和青年的士气日渐低落。

表 11

2000—2017 年欧元区劳动力市场变化（%）

	2000—2007 年	2008—2013 年	2014 年	2015 年	2016 年	2017 年
劳动力参与率	55.8	56.8	56.6	56.5	56.4	56.2
失业率	8.6	10.0	11.6	10.9	10.7	10.4
就业增长	1.3	-0.5	0.3	0.6	0.2	0.2
生产率增长	1.0	0.3	0.4	0.9	1.4	1.5

注：就业与生产率增长数据以百分比显示。就业率相对整个经济体而言。劳动生产率以调整购买力平价之后每位工作者的实际产出来衡量。

资料来源：国际劳工组织基于其研究司2015年11月《趋势计量经济学模型》的计算。

表 12

北欧、西欧和南欧的劳动力市场变化

	2000—2007 年	2008—2013 年	2014 年	2015 年	2016 年	2017 年
劳动力参与率	56.9	57.8	57.7	57.7	57.6	57.5
失业率	8.2	9.7	10.7	10.1	9.9	9.7
就业增长	1.1	-0.3	0.7	0.7	0.3	0.2
生产率增长	1.3	0.1	0.4	0.9	1.4	1.6

注：就业与生产率增长数据以百分比显示。就业率相对整个经济体而言。劳动生产率以调整购买力平价之后每位工作者的实际产出来衡量。

资料来源：国际劳工组织基于其研究司2015年11月《趋势计量经济学模型》的计算。

专栏 17

大批难民涌入欧洲

2015 年，每月通过地中海抵达该地区的难民人数远远高于 2014 年的人数（见图 14）。与 2014 年相比，2015 年的难民人数是其四倍——从 2014 年的 216 054 人增至 2015 年的 806 000 人（仅截至 2015 年 11 月）。而且，2014 年的难民人数较 2013 年增长了四倍。近期的难民人数飙升的主要原因是这些民众要逃离战火纷飞的国家。事实上，近 80% 的难民来自阿富汗、伊拉克和叙利亚。[1]在 2015 年前八个月，欧盟 28 国的避难申请接近 67 万，而 2014 年则为 50 万左右。比如，在 2015 年前八个月，仅德国一国就接收了 25 万避难申请，占整个欧盟地区避难申请总数的三分之一。

新的移民路线的出现意味着，难民的涌入对许多欧洲国家造成了影响，从巴尔干半岛到西欧和北欧。欧盟成员国已就如何处理难民达成了共识：（1）运营措施：在流动人口最有可能第一时间登陆的欧洲“热点地区”（希腊和意大利）组建移民管理支持团队；（2）预算支持：欧盟委员会已提议修订自己的 2015/2016 年度预算，以追加 17 亿欧元来应对难民危机；总的来看，2015 年和 2016 年欧盟委员会将在难民问题上花费 92 亿欧元。欧盟委员会成员国预计会将这些花费与国内预算进行匹配；（3）执行欧盟法律：欧盟成员国预计将遵守欧洲共同庇护体系，该体系旨在帮助需要国际保护的人员（European Commission，2015c）。此外，目前各方正在努力通过寻求政治方案解决难民来源国的问题，并让地区同盟国黎巴嫩和土耳其也加入其中。

[1]联合国难民署人口统计数据库：*http：//popstats. unhcr. org/en/overview # _ ga = 1. 76466773. 1982046382. 1450473222*【截至 2015 年 12 月 17 日】。

图 14

通过地中海抵达的月度难民数量（2014—2015 年）

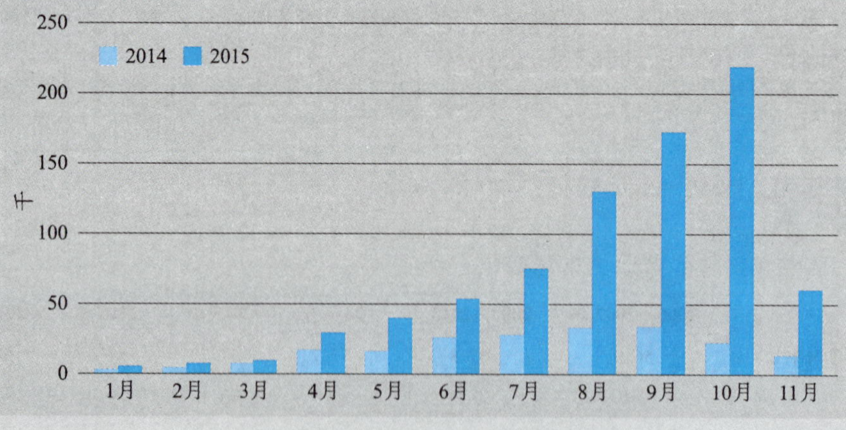

资料来源：国际劳工组织研究司根据联合国难民署人口统计数据库的计算：*http：//popstats. unhcr. org/en/overview#_ ga* = 1. 76466773. 1982046382. 1450473222【截至 2015 年 12 月 17 日】。

在该地区的许多国家内，就业率的反弹会削弱就业质量，因为非标准就业（如临时和兼职工作）已占据新增岗位中的很大一部分。除此之外，在该地区的总就业人口中，近 10% 的收入不到收入中位数的 60% 。

该地区惨淡的岗位创造前景也可从低劳动力参与率中窥见一斑。在未来几年内，该地区的劳动力参与率预计将徘徊在 57.6% 上下，在全球范围内，这是最低的一个比率——全球平均参与率为 62.8% 。

应对难民危机

近期该地区爆发的难民潮对劳动力市场和社会融合提出了新的挑战（见专栏 17）。让难民融入劳动力市场对他们找到生计，减少融入接收国社会的不安感至关重要。同时，这也有助于消除对公共服务的短期压力。为此，最关键的做法是确保确立有效的、积极且不抵触的劳动力市场政策。从长期来看，流动人口的涌入有助于解决某些领域的技能短缺问题，并减少人口低速增长和不断降低的劳动力参与率所带来的风险（OECD，2015b）。[31]

从中期来看，确保就业质量仍是该地区面临的一大挑战

近年来，在北欧、南欧和西欧地区，全职就业率纷纷下降，而兼职和临时就业呈上升趋势。在 2007 年，全职人员数目是总就业人数的 80% 以上。而 2015 年，该比率下降 3 个百分点以上，相反，近年来，兼职人员数目却在新增就业人数中占据很大一部分，2015 年，其在总就业人数中占据 22% 以上。此外，兼职就业通常并不是就业人员的自愿选择，而是因找不到全职岗位的无奈之举。这个问题在一些南欧国家特别严重，亟需解决。比如，2014 年，希腊有 71.2% 的人员被迫从事兼职工作，在意大利和西班牙，这个比例为 64% 以上，在葡萄牙则为 50% 以上。

同样，临时工作合同仍在该地区总就业人数中占据很高的比例，2015 年为 15% 左右。虽然临时就业的发生率似乎在 2014 年之后已日趋稳定，然而在包括荷兰、葡萄牙和西班牙在内的一些国家，临时就业的占比仍为 20% 及以上。但是在荷兰，仅 44% 的临时员工认为其从事临时工作的原因是缺乏永久就业机会，而在葡萄牙和西班牙，这一比例分别为 83% 以上和 91% ，后者为最高比例。

当前新增就业的模式可能会加剧该地区本已严重的收入不平等状况。临时员工的薪资通常低于签署无固定期限合约的同事，而与工作密度更强的同事相比，兼职员工陷入贫困的可能性平均增加 20%—40% 。除此之外，临时工作的工作者通常面临社会保障少、参与培训的比例低且职业前景有限等问题。据悉，严重且不断加剧的收入不平等会破坏长期增长和新增就业（ILO，2015c）。展望未来，作为地区战略的一部分，应对这些问题将对减少不平等，并于 2030 年实现可持续发展目标发挥重要作用（见专栏 18）。

专栏 18

在欧洲落实可持续发展目标

尽管欧洲依然相对繁荣，但其面临着可持续发展目标明确指出的亟待解决的一些重要挑战，特别是可持续发展目标第 8 项：促进包容和可持续的经济增长，促进人人获得就业和体面工作的机会。自 2008 年至 2009 年金融危机爆发以来，虽然欧洲的经济和劳动力市场表现在过去的几年间出现了一定程度的改善，但其经济潜力并未充分复苏。对其能否实现持续的经济增长（目标 8.1）的质疑仍然存在，尤其在处于低通货膨胀率及新兴市场出口合作伙伴经济减速的时期。

- 体面的工作：该地区的长期高失业率引发了各方对其能否创造充分的、优质就业机会的严重担忧。为了在 2030 年以前实现目标 8.5，即提供全面且良好的就业并让所有人都从事体面工作，欧洲国家需要采取综合措施，恢复增长并解决就业质量的不足。
- 青年失业：自全球衰退伊始，青年失业率快速上升，没有接受过教育、没有工作也没有参加过培训的青年占比仍居高不下（ILO，2015c）。欧洲国家应大幅增加受教育和参加培训计划的机会，其中包括技术和职业计划，以确保青年获得相关技能（目标 8.6 和 4.4）。
- 投资：欧洲需要增加投资来提高生产能力（目标 8.2），并打造可持续发展的工业部门（目标 9.2）。近期欧盟委员会提出的投资计划正是朝这个方向努力的一大举措，该举措旨在解决当前低迷的投资状况。如果该计划得到精心设计，且资金投入到最需要的领域，那么到 2018 年年中，将新增 210 多万个岗位（ILO，2015a）。
- 不平等与相对贫困（可持续发展目标第 10 项）：日益严重的不平等和相对贫困（目标 10.1 和 10.4），以及不断下降的劳动力占比对欧洲各国提出了严峻挑战。若要解决这些挑战，欧洲各国需要考虑如何更公平地分配收入，其中包括改善工资设置机制。各国还需密切关注各个层次的社会对话和集体谈判，以重塑工资渐进发展与生产率之间的关系。

欧洲各国应把可持续发展目标的监测融入在欧盟 2020 年战略的背景下所采纳的当前框架之中，该框架在近期落实的“欧洲学期”中被重新设计。欧洲各国和当局必须确保可持续发展目标被正确纳入欧洲的目标和指南之中，并受现有机构监测，这些机构包括欧盟就业委员会和欧盟社会保障委员会。此外，在界定、监测（多边监督）由欧洲理事会批准的各国建议的过程中，应考量可持续发展目标。

东欧和中西亚

油价的下跌以及该地区最大经济体俄罗斯联邦的发展放缓对该地区造成了不利影响

由于东欧和中西亚的发展有赖于石油，油价下跌让该地区的几个国家遭受重创。2015 年，俄罗斯联邦的经济预计下滑 3.8%。相似的，继油价下跌之后，阿塞拜疆的国内生产总值增速大幅放缓（石油部门占国内生产总值的 50%）。2015 年下半年，石油产量和出口量双双下挫，且很有可能在 2016 年延续颓势。[32] 相反，该地区的石油进口国，包括亚美尼亚、白俄罗斯、格鲁吉亚、吉尔吉斯斯坦共和国、摩尔多瓦共和国和塔吉克斯坦，却从油价下跌中获益良多。但是这还不足以抵消俄罗斯联邦经济衰退所导致的不良后果，因为在这些国家中，许多国家严重依赖对俄罗斯的出口及来自该国的汇款。与此同时，该地区的地缘政治紧张局势对分区国家造成了负面影响（IMF，2014 and 2015c）。[33] 比如，2014 年，乌克兰经济缩水 6.8%，并估计于 2015 年进一步下滑 10%，这也影响了该地区的其他几个经济体。

由于俄罗斯联邦存在大量的流动工作者（估计近 400 万），国内生产总值的大幅下跌无可避免地影响了汇向该地区其他国家的汇款。2014 年，从该国汇往东欧和中亚的汇款下降 6.3%，2015 年估计下跌 12.7%，中亚经济体因此严重受挫（World Bank，2015b）。比如，2014 年，汇往亚美尼亚的汇款下跌 11%，汇往塔吉克斯坦的下跌 8%，汇往乌克兰的下降 27%，汇往乌兹别克斯坦的下滑 16%。在该地区的几个国家内，汇款在国内生产总值中占据很大比重。事实上，亚美尼亚和塔吉克斯坦是全球对汇款依赖最严重的两个国家：在亚美尼亚，汇入汇款占国内生产总值的 21%，而在塔吉克斯坦，汇入汇款占 49%。

虽然东欧的劳动力市场条件已得到改善，但其前景依然不够乐观

历经连续七年的下跌之后，东欧的失业率于 2014 年降至 6.8%。然而，这个积极趋势预计将在未来几年内陷入停滞，因为和过去十年相比，国内生产总值增速预计将大幅放缓。因此，2015 年，该地区的失业率预计会小幅上升至 6.9%，并于之后保持基本稳定（见表 13）。

表 13

2000—2017 年东欧和中西亚的劳动力市场变化（%）

		2000—2007 年	2008—2013 年	2014 年	2015 年	2016 年	2017 年
劳动力参与率	东欧	58.6	59.6	60.0	60.2	60.2	60.0
	中西亚	56.2	56.7	57.8	58.2	58.3	58.3
失业率	东欧	9.2	7.3	6.8	6.9	7.0	6.9
	中西亚	9.8	9.3	9.1	9.2	9.4	9.4
就业率增长	东欧	0.9	-0.1	0.1	-0.5	-0.7	-0.6
	中西亚	1.5	2.5	1.8	1.5	1.2	1.3
弱势就业率	东欧	12.3	11.4	11.3	11.2	11.5	11.4
	中西亚	41.9	34.7	33.0	32.6	32.3	31.9
工作性贫困（日收入低于 3.10 美元）	东欧	4.6	3.3	3.3	3.2	3.1	3.1
	中西亚	23.6	10.9	7.9	7.4	7.0	6.6
生产率增长	东欧	5.3	1.7	0.8	-1.0	1.6	2.6
	中西亚	4.7	1.5	1.8	1.7	2.1	2.7

注：就业与生产率增长数据以百分比显示。就业率相对整个经济体而言。劳动生产率以调整购买力平价之后每位工作者的实际产出来衡量。弱势就业占比指的是个体劳动者和无报酬家庭帮工之和在总就业中的比率。

资料来源：国际劳工组织基于其研究司 2015 年 11 月《趋势计量经济学模型》的计算。

总量数字掩盖了各国之间的巨大差异。值得一提的是，几乎所有隶属欧盟的东欧国家的失业率将进一步下跌，其中，捷克共和国、波兰和斯洛伐克尤甚。相反，由于俄罗斯联邦的经济紧缩对白俄罗斯等邻邦产生了负面影响，到2017年，俄罗斯联邦及其邻国的失业率预计将保持上升。2015年，该地区的就业率估计下降0.5%，并预计于2016年和2017年进一步下降，降幅分别达到0.7%和0.6%。从积极方面来看，弱势就业率一直保持下跌趋势，并逐步接近欧洲发达国家的比率，2015年，弱势就业人数在总就业人数中占11.2%。

中西亚国家一直保持增长趋势，但同时面临着缺少新增就业和弱势就业居高不下两大挑战

尽管中西亚面临阻力，但在不远的将来，其经济将保持增长。[34]在这个背景下，2015年的就业率预计增长1.5%，并于2016年进一步增长1.2%（见表13）。然而，尽管未来几年的国内生产总值增速将接近4%，但是就业增速远远不及这个水平。其中一部分原因是该地区就业率较低：尽管2015年的就业率为52.9%，但是这个数字远低于59.2%的全球平均水平。2015年，该地区的失业率预计保持平稳，为9.2%，并于2016年增至9.4%。与此同时，接近17%的青年失业率仍是该地区面临的一大挑战，特别是在亚美尼亚和格鲁吉亚两国，每10名青年中就有超过3名失业。

此外，该地区在减少工作性贫困（按购买力平价计算，日收入低于3.10美元）的发生率方面取得了重大进展，这主要是因为中西亚的工作性贫困发生率已从2000年至2007年的23.6%降至2008年至2014年的10.9%（见表13）。到2017年，工作性贫困发生率预计将低于7%，这对该地区而言是非常突出的改善。从东欧来看，工作性贫困发生率非常低：2014年为3.3%，到2017年，该发生率预计将出现小幅下降（降至3.1%）。然而，该地区的弱势就业发生率一直保持高位——弱势就业在2015年的总就业中占32.6%，这将继续成为困扰该地区的一大问题。虽然自2001年以来，弱势就业率一直在下跌，但是与过去十年中的前五年相比，下跌的步伐已明显放缓。让弱势就业率继续下跌是该地区的头等大事，特别是在阿塞拜疆和格鲁吉亚等弱势就业在总就业人数中占50%以上的国家。如果要实现最近通过的可持续发展目标，那就需要解决劳动力市场和社会经济方面的挑战（见专栏19）。

专栏 19

东欧和中西亚的可持续发展目标

在 17 项可持续发展目标之中，第 8 项目标呼吁各国实现持续的经济增长，继而促进良好就业和体面工作的增加。东欧和中西亚国家似乎已准备好将增速保持在欧洲高收入国家的水平之上。在 2008 年全球危机爆发前，该地区很多国家（包括亚美尼亚、阿塞拜疆、白俄罗斯、格鲁吉亚、哈萨克斯坦、俄罗斯联邦和乌克兰）的人均年国内生产总值增速均高于 7%。自危机爆发以来，多数国家的表现并不尽如人意，但也有几个国家明显例外，比如土库曼斯坦和乌兹别克斯坦。可持续发展目标第 8 项载明的劳动力市场目标在下述方面对该地区产生影响：

- 非正规就业在总非农就业中的占比（目标 8.3）：亚美尼亚（占总就业的 19.8%）、摩尔多瓦（15.9%）和土耳其（30.6%）等国的非正规就业居高不下。鼓励正规就业的劳动力市场和宏观经济政策对该地区提供良好就业机会至关重要。
- 青年失业率居高不下（目标 8.6）：尽管不同的国家情况各不相同，但青年失业率仍是该地区的一大问题。此外，中西亚国家尚不能将其经济增长转化为持续的新增就业。因此，在让青年和受教育程度日益提高的工作者获得更好的就业方面，政策发挥着至关重要的作用。
- 强迫劳动（目标 8.7）：该地区从事强迫劳动的工作者在每 1 000 名居民中的占比高达 4.2 名，而发达经济体和欧盟地区则为 1.5 名。找出强迫劳动的原因如同减少弱势就业一般至关重要。
- 收入不平等与相对贫困（可持续发展目标第 1 项和第 10 项）：自 2007 年以来，白俄罗斯、格鲁吉亚（尽管绝对值仍保持高位）、哈萨克斯坦、吉尔吉斯斯坦和乌克兰等国的收入不平等状况已经缓解，但亚美尼亚、俄罗斯联邦和土耳其（见表 14）的情况却在恶化。此外，需持续关注的是：在亚美尼亚和吉尔吉斯斯坦，仍有大量人口生活在国家贫困线以下。这需要恢复政策干预来解决不平等和贫困问题，在以下诸方面付出努力：确保生产率与薪资增长的联系得到加强、完善最低薪资政策、扩大社会保障计划的覆盖范围，以及加强雇主与员工之间的对话。

表 14

东欧、中西亚的收入不平等状况和贫困演变情况

国家	基尼系数		贫困率（%）	
	2007 年	2013 年	2007 年	2013 年
亚美尼亚	29.8	31.5	27.6	32.0
白俄罗斯	28.7	26.0	7.7	5.5
格鲁吉亚	40.6	40.0	20.1	14.8
哈萨克斯坦	29.6	26.4	12.7	2.9
吉尔吉斯斯坦	33.4	27.4	35.0	37.0
俄罗斯联邦	39.2	41.6	13.3	10.8
土耳其	38.4	40.2	8.4	2.3
乌克兰	29.6	24.6	7.1	8.4

注：亚美尼亚、白俄罗斯、格鲁吉亚、哈萨克斯坦和乌克兰的基尼系数是 2013 年的数据，其他则为 2012 年的数据。贫困率基于各国的全国贫困线计算得出。

资料来源：国际劳工组织基于世界银行《世界发展指标》的计算。

注　释

1 相较于上年，2015 年 10 月的进口额下降了 19%。

2 本报告所指的“发达”、“新兴”和“发展中”经济体对应世界银行的收入分类，其中，“发达”意指高收入水平，“新兴”意指中上和中下收入水平，“发展中”意指低收入水平。

3 这主要是因为进口与服务输出之间的关系并不牢固。

4 美国经济相对不受这些效应的影响：事实上，中国增速每下降 1%，美国国内生产总值将仅下降 0.06%。

5 请查阅附件 B，了解不同时间失业率估算的详细说明。

6 在 2000 年至 2015 年间，弱势就业在总就业中的占比从 52.7% 降至 46.1%。

7 全球估算不包括“发达经济体与欧盟”国家，具体请见国际劳工组织附录 5 对地区的分类（2015c）。

8 最大降幅发生在 2007 年至 2010 年的全球危机期间（见表 3）。

9 国际劳工组织和其他联合国机构目前正积极寻找每个目标的具体指标，这将有助于监测各国在实现可持续发展目标过程中获得的进展。最终的指标清单将于 2016 年年底最后确定。目前正在讨论的指标包括受雇人员人均国内生产总值的增速，非正规就业在非农就业、收益、失业中的占比，未受教育、未就业、未受培训的青年人比重，童工和强迫劳动，工伤，社会保障和就业计划方面的政府支出，以及集体谈判比率。

10 这些数字由国际劳工组织估算得出。强迫劳动的统计数字基本不由国家统计局收集。

11 《1997 年国际劳工组织最低年龄公约》（第 138 号公约）将加入就业或劳动力市场的普遍最低年龄设定在 15 岁（简单工作为 13 岁），从事危险工作的最低年龄设定在 18 岁（在严格条件下为 16 岁）。因此，所有低于 15 岁（简单工作为 13 岁）就参加工作的孩子，以及低于 18 岁即从事危险工作的孩子均被视为童工。

12 在利比亚，由于政治不稳定和缺乏有作为且受认可的过渡政府，其政治过渡因此受到影响。

13 劳动力使用不足是一项测度，旨在更加全面地揭示未充分使用的劳动力。该指标捕捉了因劳动力吸纳不足而造成的劳动力供需错配。这揭示了人口中未达到就业要求的一种情况。

14 2014 年津巴布韦劳动力与童工调查。

15 2004 年马里劳动力调查；2005 年至 2006 年坦桑尼亚综合劳动力调查；2005 年马达加斯加住户调查；2009 年毛里求斯连续多用途家庭调查；2004 年埃塞俄比亚劳动力调查（城区）。

16 开展学校到工作的过渡调查的国家包括贝宁、利比亚、马达加斯加、马拉维、坦桑尼亚联合共和国、多哥、乌干达和赞比亚。

17 世界银行贫困数据，http://data.worldbank.org/topic/poverty【截至 2015 年 11 月 5 日】。

18 美联储并未明确指出新兴市场的经济放缓，而是说其正在“监测全球经济与金融发展”（美国联邦储备委员会，2015 年 10 月 28 日新闻稿）。

19 2015 年第三季度，美国经济显示出微弱迹象，暗示其年经济增速将下滑至 2.1%——尽管这已高于初步估计的 1.5%。其中的主要原因是出口增长的进一步放缓，强劲的消费者支出在一定程度上抵消了出口增长下滑带来的影响。

20 根据加拿大银行预计，2016 年和 2017 年的国内生产总值将分别达到 2% 和 2.5%。

21 美元兑加元和其他货币升值归功于美联储的量化宽松政策和美国整体的经济实力。

22 制造业集中于加拿大中部，而采矿和提炼业则集中在加拿大西部。

23 就制造业在总就业中的占比而言，加拿大和美国都面临着制造业就业人数下滑的状况。

24 最终价格以 2015 年 10 月的为准。资料来源：国际货币基金组织国际主要大宗商品价格数据库。

25 在绩效差强人意的背后是全要素生产率

的低增长，而非资本或劳动力投入的增长。这反映了该地区经济的创新能力有限，比如通过推动技术变革进行创新的能力。

26 该数据是对17个国家子样本的加权平均值。

27 阿拉伯地区包括12个国家，其中六国是海湾合作委员会成员国，分别是巴林、科威特、阿曼、沙特阿拉伯和阿联酋。

28 科威特宣布在2015年/2016年预算中，将缩减18%的支出。其中一个明显的例外是沙特阿拉伯，该国于2015年2月宣布了一揽子财政支出计划，该支出计划将占国内生产总值的4%。

29 该地区有一些国家例外，即卡塔尔和阿联酋，他们的失业率为10%及以下，远远低于平均水平。

30 国际货币基金组织贸易方向统计数字。

31 该风险与长期停滞有关，正如Hansen（1938）和Summenr（2014）所述。该风险的特点是由供求因素所致的长期低速增长，而这些因素造成了低利率、低投资水平、低总量需求、生产率低增长、人口数量低增长以及不断下降的劳动力参与率这个恶性循环。打破这种长期低速增长的恶性循环，需要推出移民政策以外的政策，还需要引入创新政策，以提高参与率和劳动适龄人口的增长（Baldwin and Teulings，2014）。

32 2015年10月经济学人智库的国家报告。

33 如欲了解更多信息，请参阅国际货币基金组织2014年和2015年溢出效应报告。

34 俄罗斯联邦和乌克兰都是东欧分区的一部分。

附　录

附录A 地区、国家和收入群体

非洲

北非

阿尔及利亚
埃及
摩洛哥
苏丹
突尼斯
西撒哈拉

撒哈拉以南的非洲

安哥拉
贝宁
博茨瓦纳
布基纳法索
布隆迪
佛得角
喀麦隆
中非共和国
乍得
科摩罗
刚果
刚果民主共和国
科特迪瓦
吉布提
赤道几内亚
厄立特里亚
埃塞俄比亚
加蓬
冈比亚
加纳
几内亚
几内亚比绍
肯尼亚
莱索托
利比里亚
马达加斯加
马拉维
马里
毛里塔尼亚
毛里求斯
莫桑比克
纳米比亚
尼日尔
尼日利亚
留尼旺
卢旺达
圣多美和普林西比
塞内加尔
塞拉利昂
索马里
南非
斯威士兰
坦桑尼亚联合共和国
多哥
乌干达
赞比亚
津巴布韦

美洲

拉丁美洲和加勒比海地区

安提瓜和巴布达
阿根廷
巴哈马
巴巴多斯
伯利兹
玻利维亚
巴西
智利
哥伦比亚
哥斯达黎加
古巴
多米尼加共和国
厄瓜多尔
萨尔瓦多
法属圭亚那
格林纳达
瓜德罗普岛
危地马拉
圭亚那
海地
洪都拉斯
牙买加
马提尼克
墨西哥
尼加拉瓜
巴拿马
巴拉圭
秘鲁
波多黎各
圣卢西亚
圣文森特和格林纳丁斯
苏里南
特立尼达和多巴哥
美属维尔京群岛
乌拉圭
委内瑞拉玻利瓦尔共和国

北美

加拿大
美国

阿拉伯国家

巴林王国
伊拉克
约旦
科威特
黎巴嫩
巴勒斯坦占领区
阿曼
卡塔尔
沙特阿拉伯
阿拉伯联合酋长国
也门

亚太地区

东亚

中国
中国香港
日本
韩国
中国澳门
蒙古
中国台湾

东南亚和太平洋地区

澳大利亚
文莱达鲁萨兰国
柬埔寨
斐济
法属波利尼西亚
关岛
印度尼西亚
老挝人民民主共和国
马来西亚
缅甸
新喀里多尼亚
新西兰
帕劳
巴布亚新几内亚
菲律宾
萨摩亚
新加坡
所罗门群岛
泰国
东帝汶民主共和国
汤加
瓦努阿图
越南

南亚

阿富汗
孟加拉国
不丹
印度
伊朗伊斯兰共和国
马尔代夫
尼泊尔
巴基斯坦
斯里兰卡

欧洲与中亚

北欧、南欧和西欧

阿尔巴尼亚
奥地利
比利时
波黑
海峡群岛
克罗地亚
丹麦
爱沙尼亚
芬兰
法国
德国
希腊
冰岛
爱尔兰
意大利
拉脱维亚
立陶宛
卢森堡
前南斯拉夫马其顿共和国
马耳他
黑山共和国
荷兰
挪威
葡萄牙
塞尔维亚
斯洛文尼亚
西班牙
瑞典
瑞士
英国

东欧

白俄罗斯
保加利亚
捷克共和国
匈牙利
摩尔多瓦共和国
波兰
罗马尼亚
俄罗斯联邦
斯洛伐克
乌克兰

中亚和西亚

亚美尼亚
阿塞拜疆
塞浦路斯
格鲁吉亚
以色列
哈萨克斯坦
吉尔吉斯斯坦
塔吉克斯坦
土耳其
土库曼斯坦
乌兹别克斯坦

发达中经济体

阿根廷
澳大利亚
奥地利
巴哈马
巴林王国
巴巴多斯
比利时
文莱达鲁萨兰国
加拿大
海峡群岛
智利
克罗地亚
塞浦路斯
捷克共和国
丹麦
赤道几内亚
爱沙尼亚
芬兰
法国
法属圭亚那
法属波利尼西亚
德国
希腊
关岛
中国香港
匈牙利
冰岛
爱尔兰
以色列
意大利
日本
韩国
科威特
拉脱维亚
立陶宛
卢森堡
中国澳门
马耳他
马提尼克
荷兰
新喀里多尼亚
新西兰
挪威
阿曼
波兰
葡萄牙
波多黎各
卡塔尔
留尼旺
俄罗斯联邦
沙特阿拉伯
新加坡
斯洛伐克
斯洛文尼亚
西班牙
瑞典
瑞士
中国台湾
特立尼达和多巴哥
阿拉伯联合酋长国
英国
美国
美属维尔京群岛
乌拉圭
委内瑞拉玻利瓦尔共和国

新兴经济体

亚美尼亚
孟加拉国
不丹
玻利维亚
佛得角
喀麦隆
刚果
科特迪瓦
吉布提
埃及
萨尔瓦多
格鲁吉亚
加纳
危地马拉
圭亚那
洪都拉斯
印度
印度尼西亚
肯尼亚
吉尔吉斯斯坦
老挝人民民主共和国
莱索托
毛里塔尼亚
摩尔多瓦共和国
摩洛哥
缅甸
尼加拉瓜
尼日利亚
巴勒斯坦占领区
巴基斯坦
巴布亚新几内亚
菲律宾
萨摩亚
圣多美和普林西比
塞内加尔
所罗门群岛
斯里兰卡
苏丹
斯威士兰
塔吉克斯坦
东帝汶民主共和国
乌克兰
乌兹别克斯坦
瓦努阿图
越南
西撒哈拉
也门
赞比亚
阿尔巴尼亚
阿尔及利亚
安哥拉
阿塞拜疆
白俄罗斯
伯利兹
波黑
博茨瓦纳
巴西
保加利亚
中国
哥伦比亚
哥斯达黎加
古巴
多米尼加共和国
厄瓜多尔
斐济
加蓬
瓜德罗普岛
伊朗伊斯兰共和国
伊拉克
牙买加
约旦
哈萨克斯坦
黎巴嫩
利比亚
前南斯拉夫马其顿共和国
马来西亚
马尔代夫
毛里求斯
墨西哥
蒙古
黑山共和国
纳米比亚
巴拿马
巴拉圭
秘鲁
罗马尼亚
圣卢西亚
圣文森特和格林纳丁斯
塞尔维亚
南非
苏里南
泰国
汤加
突尼斯
土耳其
土库曼斯坦

发展中经济体

阿富汗
贝宁
布基纳法索
布隆迪
柬埔寨
中非共和国
乍得
科摩罗
刚果民主共和国
厄立特里亚
埃塞俄比亚
冈比亚
几内亚
几内亚比绍
海地
朝鲜
利比里亚
马达加斯加
马拉维
马里
莫桑比克
尼泊尔
尼日尔
卢旺达
塞拉利昂
索马里
坦桑尼亚联合共和国
多哥
乌干达
津巴布韦

二十国集团经济体

二十国集团发达经济体

澳大利亚
加拿大
欧盟 28 国
法国
德国
意大利
日本
韩国
俄罗斯联邦
沙特阿拉伯
英国
美国

二十国集团新兴经济体

阿根廷
巴西
中国
印度
印度尼西亚
墨西哥
南非
土耳其

附录 B　劳动力市场估算与预测

本《世界就业和社会展望》报告的所有全球与地区劳动力市场的估算均基于国际劳工组织 2015 年 11 月的《趋势计量经济学模型》（简称 TEM）得出。国际劳工组织研究司设计并积极地维护着此计量经济学模型，针对无法从某些国家报告中获取的数据，可利用此计量经济学模型生成按国家和年份划分的劳动力市场指标的估算数据。这些模型可确保国际劳工组织具有生成和分析劳动力市场关键指标的全球性和地区性估算数据及相关趋势的能力。

TEM 旨在按照适当的年龄和性别分类，提供有关失业、就业和就业状态的估算与预测。该模型的输出值为 178 个国家完整的数据矩阵。可对国家层面的数据进行综合，以生成劳动力市场指标的地区性和全球性估算数据，如失业率、就业人口占总人口比率、就业份额状况和弱势就业率。

在使用 TEM 之前，研究司的劳动力市场信息专家联合国际劳工组织劳工统计数据库和国际劳工组织地区办公室的专家，评估了现有的国家数据，并仅从中挑选了完全可比的不同国家的观察结果。他们的遴选标准包括：（1）数据来源的类别；（2）所覆盖的地域；（3）所覆盖的年龄段。

- 对于第一项标准，为了使数据纳入到模型中，必须藉由劳动力调查或人口普查来获取上述数据。各个国家进行的劳动力调查通常十分相似，与从其他渠道获取的数据相比，从这些调查中获取的数据更具有可比性。因此，在选择过程中，往往优先考虑劳动力调查数据。然而，对于许多没有足够资源进行劳动力调查的发展中国家而言，可以根据人口普查来报告劳动力市场信息数据。鉴于需要对数据可比性和数据覆盖范围的相互冲突的目标进行平衡，故需要在模型中加入一些从人口普查中所获取的数据。
- 第二项标准是指，仅采用具有国家代表性（即没有严格意义上的地域限制）的劳动力市场指标。文中并未采用与纯粹城市或纯粹农村地区相对应的观测数据，因为农村和城市劳动力市场之间通常存在巨大的差异，如若仅采用农村数据，或仅采用城市数据，都将出现与基准性指标——如国内生产总值——不相一致的情况。
- 第三项标准是指，观测数据所覆盖的年龄群组必须具有针对各个国家的足够的可比性。各个国家在报告劳动力市场信息时通常针对各种年龄群组，因此，所选定的年龄群组可对某一给定劳动力市场指标的观测值产生影响。

除了各国所报告的劳动力市场信息之外，TEM 还采用了下列基准性文件：

- 联合国《世界人口前景》，2015 年修订人口估算和预测；
- 国际劳工组织《经济活动人口估算和预测》（EAPEP）中的劳动力估算和预测；
- 国际货币基金组织/世界银行从《世界发展指标》和《世界经济展望》（2014 年 10 月数据库）中所获取的国内生产总值数据（购买力平价、人均国内生产总值和国内生产总值增长率）；
- 世界银行依据 PovcalNet 数据库得出的贫困估算数据。

劳动力市场指标估算

TEM 生成失业率估算，填补特定国家和特定年份所缺失的国家数据的数值。在对所有同类的失业率进行汇编之后，再针对世界不同地区单独进行多元回归分析，在此过程中，按年龄和性别（年轻男性、年轻女性、成年男性、成年女性）细分的失业率针对国内生产总值增长率进行回归分析。回归中采用了加权法，以便纠正因报告失业率的国家与未报告失业率国家之间经常存在的差异性（在统计上重要的方面）所造成的偏差。[1]2015 年的数据是采用本《世界就业和社会展望》（2015 年 11 月）报告发表前所获得的季度和月度信息来生成的初步估算。

由于缺失国家层面的数值，该模型还使用相似技术来估算不同状态下的就业情况。除了国内生产总值增长率之外，作为解释变量的变量是国内生产总值中三个广义部门的增加值、人均国内生产总值以及城市居民的占比。此外，我们还使用其他计量经济学模型按照经济阶层对全球和地区层面的工作性贫困和就业情况进行了估算（Kapsos 和 Bourmpoula，2013）。

劳动力市场指标预测

通过考察 1991 年至 2005 年，每一个国家在危机最严重/经济最低迷期以及相应经济复苏期，失业率和国内生产总值之间的历史关系，可以获得失业率的预测数据。[2]实现这一点，需将危机和复苏虚拟变量与国内生产总值增长的交互效应纳入固定效应面板回归。[3]具体而言，经过逻辑转换的失业率针对一组变量进行了回归，其中包括滞后失业率、国内生产总值增长率、滞后国内生长总值增长率，以及一组由危机虚拟变量及经济复苏年份虚拟变量与每一个其他变量之间交互作用组成的变量。

根据下列条件，对三种不同组别的国家运行单独的面板回归：

（1）地理毗邻和经济/制度相似性；

（2）收入水平；[4]

（3）出口依赖程度（依照出口占国内生产总值的百分比来衡量）。[5]

这些分组的理论基础如下：位于同一地理区域内的国家，或具有类似经济/制度特征的国家，受到危机影响的程度也可能相类似，并且在减轻危机对其劳动力市场影响的过程中，所采取的机制也相类似。而且，由于处于同一地理区域的国家彼此间常常存在十分紧密的贸易和金融联系，危机可能在一个经济体产生溢出效应，从而波及其邻国（例如，加拿大经济和劳动力市场的发展状况与美国的发展状况有错综复杂的联系）。同样，具有相似收入水平的国家也可能有相似的劳动力市场机制（如社会保障措施）和实施财政激励及其他政策以应对危机影响的类似能力。最后，由于出口下降是危机从发达国家至发展中国家的主要传输渠道，因此根据受此渠道影响的程度，对各国进行分组。受此渠道影响的程度是以其出口占国内生产总值的百分比来衡量的。危机通过出口渠道对劳动力市场形成的影响还取决于出口的类型（受到影响的经济部门）、出口的国内附加值占比及国内消费的相对重要性（例如，诸如印度或印度尼西亚等国家国内市场较大，因此与新加坡和泰国等国家相比，显得并不那么脆弱）。通过在回归分析中利用固定效应来对这些特征进行控制。

除了面板回归之外，还针对具有足够数据的国家运行国家层面的回归分析。采用普通最小二乘法的国家层面回归分析包含与面板回归一样的变量。

鉴于国内生产总值的前景不确定，以及获得各国国内生产总值与失业率之间关系的复杂性，本报告使用了十个（相似的）具有多层次混合效应的线性回归模型（变截距模型和变系数模型）。上述十个模型的一个主要差异是自变量的滞后结构。这些模型的潜在优势在于，不仅面板结构得到全面运用（比如自由程度加深），而且也使估算每个单元（国家）的系数成为可能，这考虑到了群组层面的不可观测的异质性，同时纠正了随机效应方法的警示，即自变量与随机效应项并无关联性。

作为从三组面板回归、针对具有充足数据国家的回归分析和国家层面的回归分析中所获得估算值的简单平均数，得出最终的预测数据。对于一些国家（178 个国家中的 44 个），我们根据判断性检查，进行了另一类组合预测，并从预测中挑选了一个平均值，以便更为真实地呈现从各国经济预测中观察到的近期趋势。

短期预测模型

对于 16 个国家，2014 年的初步失业率概算和 2015 年的预测都基于一个按照国家划分的短期预测模型得出。国际劳工组织维护着一个有关月度和季度失业流动的数据库，该数据库涵盖了基于失业时间并按照施默尔（2012）和埃尔斯比等人（2013）提议的方法估算的失业的流入流出率信息。运用综合自回归移动平均法（ARIMA）、向量自回归法（VAR）、VARX 模型以及综合预测技术的七个不同的模型直接预测了失业率并确定了流入流出的比率。短期预测模型主要依赖于几个解释变量进行预测，这些变量包括雇佣不确定性（Ernst 和 Viegelahn，2014）、政治不确定性（Baker et al.，2013）和国内生产总值的增长。作为最终预测，基于伪样本分析的结果，我们为每个国家从七个模型中选择了一个模型进行预测。

社会动荡指数

社会动荡指数是一个反应国家层面的社会健康度的指标。该指数使用的是 GDELT 数据库项目中被划分为全球“抗议”事件（数据库代码为 14）的数据。该数据库记录了许多不同种类的抗议行为，其中包括上街示威游行、暴动、聚众集会、联合抵制、路障和绝食罢工。

该指数的数值范围为 0—100，且各国的数值都经过标准化处理，因此每年的数值都是相对于一国的历史最高值（100）和最低值（0）而言。比如，1996 年，埃及的指标值为 0，而在 2011 年阿拉伯之春期间，该国的指标值达到峰值 100。根据 GDELT 所报道，该指数通过对“抗议”事件在一国一年间的事件总数中的占比进行对数转换而得出。

社会动荡是不同国家间的一个相对概念。即便两国基础衡量指标的绝对值相等，但由于这两个国家在文化、历史和报告呈送方面的固有差异，这也不意味着这两个国家的社会动荡指数相同。即便如此社会动荡指数还是可以比较各国（地区）的动荡情况，发现动荡加剧的国家或地区。然而，无论是从概念还是从数学层面而言，都不能说一国的社会动荡比另一国高 10%。

估算与预测的变化：2015 年和 2014 年趋势计量经济学模型比较

就之前版本的趋势计量经济学模型而言，全球和地区的失业水平和失业率都经过了修正，考量了最新的失业率以及对劳动力和经济增长历史数据和预测情况的修正。造成 2015 年 11 月和 2014 年 11 月 TEM 中失业数字差异的原因可以总结如下：

国家层面劳动力调研中报告的新失业率数据条目：总体而言，相较于 2014 年 11 月的 TEM，2015 年 11 月的 TEM 新增 115 条最新观察结果。在这些数据点中，91 个数据点是 2014 年 11 月的 TEM 所预测的失业率，而 24 个条目则是关于 9 个小经济体（如法属圭亚那、关岛、圣卢西亚）的数据，由于缺乏官方失业估算，这些经济体并未纳入之前的版本之中。在这些新增数据中，约 40% 为 2014 年的新数据，而另外 38% 则是 2011 年至 2013 年的数据。全球失业数字中最有影响力的新增数据条目分别是尼日利亚（2012—2014 年）、蒙古（2011—2012 年）、伊朗（2011—2014 年）和巴基斯坦（2009—2014 年）。

历史失业率后向修正：在 2015 年 11 月的 TEM 中，约 52.7%（705 条观察结果）的失业率在2008 年至2014 年间得到了后向修正。但是，在大多数案例中，这些变化都可以忽略。仅有3.2%的案例（共44 条观察结果）的调整比例超过0.1 个百分点，而且仅有6 个案例的调整比例超过1 个百分点。很明显，这些案例分别是：2012 年（上调3.6 百分点）和2013 年（上调2.6 个百分点）的突尼斯；2013 年的加纳（上调3.4 个百分点）；以及在2012 年和2013 年各上调10.7 个百分点的纳米比亚。

劳动力历史数据和预测数据的修正：2015 年11 月的TEM 使用了一个新的劳动力序列，该序列考量了联合国经济和社会事务部人口司发布的《2015 年世界人口展望》。世界人口的修正继而影响了针对1991 年至2017 年整个估算时间段发布的《国际劳工组织经济活跃人口的估算与预测》报告。然而，2015 年11 月和2014 年11 月的TEM 中关于劳动力数据的差异比预测期间的差异更为明显。尤其是，2015 年，劳动力总数下调超过2070 万，2016 年和2017 年预计下调超过2200 万。

国内生产总值增速历史数据和预测数据的修正：在国际货币基金组织于2014 年10 月和2015 年10 月更新的《世界经济展望》中，2015 年的全球实际国内生产总值增速被下调0.7 个百分点，而2016 年和2017 年的预测数据则分别下调了0.4 个和0.3 个百分点。在一系列历史数据中，2014 年实际国内生产总值的增速被上调0.1 个百分点。国内生产总值历史数据和预测数据的变化使失业率与国内生产总值增速之间关系的估算发生了微小调整。

由于上述的这些变化，2015 年和2016 年全球失业率的基线预测被下调了0.1 个百分点，而2017 年则被下调0.2 个百分点（见表A1）。

表A1

全球失业率预测：2015 年和2014 年TEM 之间的差异

	2008 年	2009 年	2010 年	2011 年	2012 年	2013 年	2014 年	2015 年	2016 年	2017 年
失业人口（百万）										
2014 年11 月	178.6	199.0	196.6	195.4	197.4	200.1	201.3	204.4	206.7	208.8
2015 年11 月	177.0	197.7	195.1	193.8	196.2	198.6	196.4	197.1	199.4	200.5
失业率（%）										
2014 年11 月	5.7	6.3	6.1	6.0	6.0	6.0	5.9	5.9	5.9	5.9
2015 年11 月	5.6	6.2	6.1	6.0	6.0	6.0	5.8	5.8	5.8	5.7

资料来源：国际劳工组织基于其研究司2015 年11 月和2014 年11 月《趋势计量经济学模型》的计算。

尾注

1 例如，假如采用了某一给定地区报告国失业率的简单平均数来估算那一地区的失业率，而没有报告失业率的国家与报告国在失业率方面存在不同特征，那么如果没有这样一种修正机制，其所生成的地区性失业率估算数据将会有偏差。趋势计量经济学模型所采用的加权最小二乘法根据该潜在问题做出调整。

2 危机时期包括从一个国家的国内生产总值增长遭受最大幅度下降的年份，到出现危机后国内生产总值到达最低水平的“拐点年”（随后开始上升到危机前的水平）之间的一段时间。经济复苏时期包括从“拐点年”到经济增长恢复到危机前水平那一年之间的时间间隔。

3 为了预测当前经济复苏时期的失业情况，根据下述定义对危机年份和经济复苏年份的虚拟变量进行了调整：假如一个国家在2007 年之后的国内生产总值增长的跌幅大于1991 年至2008 年期间国内生产总值增长标准差绝对值的75%，并且/或者超过3 个百分点，则认为该国“目前处于危机之中”。

4 收入组别与世界银行对4 个收入类别的划分相对应，这主要基于各国2008 年的人均国民总收入（通过图表集法计算得出）：低收入国家，等于或低于975 美元；中低收入国家，介于976 美元和3 855 美元之间；中高收入国家，介于3 856 美元和11 905 美元之间；高收入国家，等于或高于11 906 美元。

5 基于出口依赖程度的组别包括：最高出口额（出口额大于或等于国内生产总值的70%）；高出口额（出口额小于国内生产总值的70%，但大于或等于国内生产总值的50%）；中等出口额（出口额小于国内生产总值50%，但大于或等于国内生产总值的20%）；低出口额（出口额小于国内生产总值的20%）。

附录 C　可持续发展目标（SDGs）

表 A2

目标 8 的可持续发展目标和建议指标

目标	建议指标
目标 8.1 保持人均经济增速	• 按购买力平价计算的人均国内生产总值
目标 8.2 通过多元化、技术升级和创新提高经济生产率	• 雇员人均国内生产总值增速
目标 8.3 支持良好的活动、体面工作的创造、创业、创意和创新，并鼓励中小微企业的正规化和成长	• 按性别划分的非正规就业在非农就业中的占比
目标 8.4 2030 年前逐步改善全球消费和生产的资源效率，并努力使经济增速与环境恶化脱钩	• 资源生产率
目标 8.5 到 2030 年，让男女工作者实现充分且良好的就业和体面就业，其中包括青年和残障人士，并确保同工同酬	• 按职业划分（工资/性别工资差异）的男女雇员每小时的平均收入 • 按性别、年龄段和残障情况划分的失业率
目标 8.6 到 2020 年，大幅缩减没有接受过教育、没有工作也没有参加过培训的青年比例	• 没有接受过教育、没有工作也没有参加过培训的青年（15—24 岁）的占比
目标 8.7 立即采取有效举措消除强迫劳动、结束现代奴役和人口贩卖，并取消童工	• 5—17 岁的童工占比与人数
目标 8.8 保障劳动者权利，并推动所有工作者，包括流动工作者享受安全有保障的工作环境	• 致命和非致命职业伤害的发生率，以及因为伤害而失去的时间 • 按公约类型认可的国际劳工组织公约数目
目标 8.9 到 2030 年，设计并实施各项政策，以推动旅游业的可持续发展，以创造工作机会并促进本地文化和产品	• 旅游业直接带动的国内生产总值 • 旅游业创造的工作数量
目标 8.10 推动和增加进入金融业的机会	• 商业银行分支机构和自动柜员机的数量 • 拥有正规账户的成人的占比
目标 8.a 增强对发展中国家特别是最不发达国家的贸易援助	• 贸易援助承诺与支出
目标 8.b 到 2020 年，制定并执行针对青年就业的全球策略，并实施《全球就业公约》	• 在社会保障、就业方案和集体谈判率方面的政府总支出

注：我们所建议的上述指标是初步提议，有待不间断的讨论来决定。

资料来源：联合国统计署。

附录 D　探究支出缩减可能状况的方法

本附件主要描述如何估算大宗商品出口国预期的支出缩减以及由此造成的失业。表 A3 揭示了因大宗商品价格低迷而承受巨大财政压力的国家的政府支出缩减规模。借助《经济学人》（2015 年）的数据，我们确认了一批大宗商品出口国。其中，通过比较国际货币基金组织《世界经济展望》2014 年 10 月和 2015 年 10 月的数据库中的预算赤字预测，可以识别出承受财政压力的国家。2014 年 10 月的数据库基于较高的大宗商品价格，而 2015 年 10 月的数据库则基于较低的大宗商品价格。除此之外，2015 年大宗商品出口国的政府预算赤字估计会超过 2%。

国际货币基金组织对 2015 年赤字加剧的预测反应了大宗商品价格下跌对财政的影响。该预测假设支出缩减达到 2014 年和 2015 年所估算的 2015 年恶化程度的一半，这主要通过国内生产总值的百分点变化来衡量。上述支出缩减很可能在两年内落实，以避免对国内经济的冲击。

在这些国家中，有一些国家拥有足够的财政资源，可避免在中期内实施这些缩减，或者可利用国际金融市场来弥补大宗商品收入的不足。相比较而言，其他国家可能难以获得海外融资。至于大宗商品出口国将采取何种举措则最终取决于此次市场萧条所持续的时间。因此，从总体上看，所提出的情况是相当现实的。

表 A3

政府支出缩减预估

国家	主要出口品	因大宗商品价格变动而缩减的支出规模	国家	主要出口品	因大宗商品价格变动而缩减的支出规模
阿尔及利亚	石油	-3.88	尼日尔	金属	-0.60
亚美尼亚	金属	-0.88	尼日利亚	石油	-0.61
伯利兹	食品	-1.02	挪威	石油	-1.45
贝宁	金属	-1.26	阿曼	石油	-9.09
玻利维亚	金属	-2.59	巴拿马	食品	-1.07
博茨瓦纳	金属	-0.74	巴拉圭	食品	-0.64
巴西	食品	-2.09	秘鲁	金属	-0.84
乍得	石油	-0.61	卡塔尔	石油	-4.08
智利	金属	-0.69	俄罗斯联邦	石油	-1.63
哥伦比亚	石油	-1.02	卢旺达	金属	-0.83
刚果	石油	-4.62	沙特阿拉伯	石油	-9.84
赤道几内亚	石油	-0.95	塞拉利昂	金属	-0.82
伊朗	石油	-7.62	苏里南	金属	-1.05
哈萨克斯坦	石油	-2.14	多哥	金属	-1.28
肯尼亚	食品	-1.01	土库曼斯坦	石油	-0.80
科威特	石油	-12.02	阿联酋	石油	-6.90
老挝人民民主共和国	金属	-0.81	乌干达	石油	-0.78
利比里亚	金属	-3.45	乌克兰	食品	-0.51
利比亚	食品	-24.06	委内瑞拉	石油	-4.94
马拉维	食品	-1.10	越南	食品	-3.33
毛里塔尼亚	金属	-2.69	也门	石油	-2.22
蒙古	金属	-0.74	赞比亚	金属	-1.47
黑山共和国	金属	-1.86	津巴布韦	金属	-0.79
纳米比亚	金属	-1.57			

注：上表包含了大宗商品出口国的支出缩减预测。

资料来源：国际劳工组织基于国际货币基金组织的 2014 年和 2015 年《世界经济展望》报告的估算。

支出缩减的影响

因大宗商品价格下跌而在全球实施支出缩减举措必然会对大宗商品出口国产生影响，也会对世界经济整体产生影响。上述可能的情况已纳入联合国经济和社会事务部构建的世界经济预测模型之中。该模型是一个全球模型，考量了国际需求的溢出效应。表 A4 列出了上述支出缩减对全球重要地区的国内生产总值增速的影响。

结果显示，上述支出缩减对世界经济的影响还算温和。然而，该举措对阿拉伯地区的影响却非常严重，该地区的经济仍十分依赖石油出口。相反，支出缩减举措对东亚和北美（大宗商品净进口国）等地区也产生了负面影响，但影响面可以忽略。

表 A4

支出缩减对经济增长的影响

	对国内生产总值增速的影响（百分点）	
	2016 年	2017 年
全球	**-0.32**	**-0.34**
主要地区		
阿拉伯国家	-2.28	-2.27
东亚	-0.09	-0.13
东欧	-0.66	-0.59
中亚和西亚	-0.20	-0.26
拉丁美洲和加勒比海地区	-0.50	-0.56
北非	-0.63	-0.65
北美	-0.04	-0.07
北欧、南欧和西欧	-0.09	-0.14
东南亚和太平洋地区	-0.17	-0.17
南亚	-0.73	-0.73
撒哈拉以南非洲地区	-0.39	-0.40

注：上表显示了大宗商品出口国实施的支出缩减举措对全球经济增长的影响。

资料来源：联合国经济和社会事务部构建的世界经济预测模型。

对失业率好像没影响

由于支出缩减将对阿拉伯地区的国内生产总值产生极大的负面影响，该地区的就业率预计会大幅减少。然而，国际劳工组织的估算显示，2016 和 2017 年该地区的失业率将基本不变。

在很多阿拉伯国家，来自南亚的流动工作者构成了这些国家人口和从业人员的很大一部分。比如，海湾国家的劳动力市场和移民方案的估算显示，截至 2013 年年中，外来工作者占据沙特阿拉伯人口的 32%，占据在职人口的 56.5% 左右。因此，这些地区预计会实施大规模裁员，而受此影响最大的将是外来工作者，一旦失业，这些外来工作者将被迫返回自己的祖国。换言之，上述国家的失业率可能不会发生巨大变化，但失业人口的数量必然会上升。

附录 E 按照国际劳工组织划分的地区劳动力市场和社会统计

全球

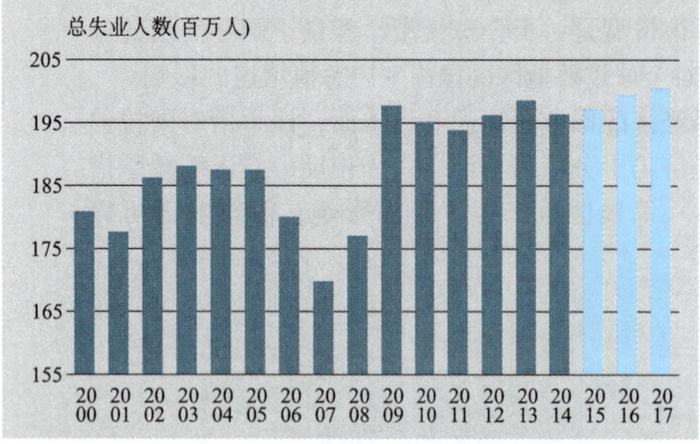

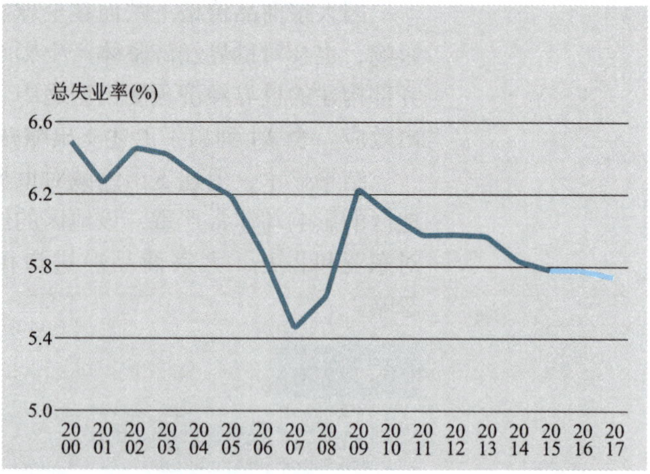

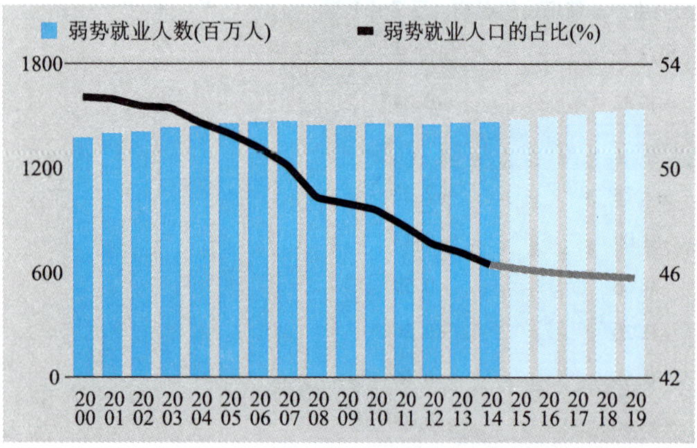

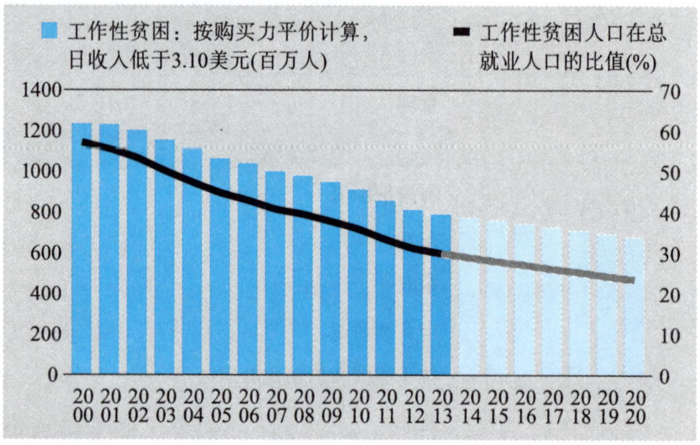

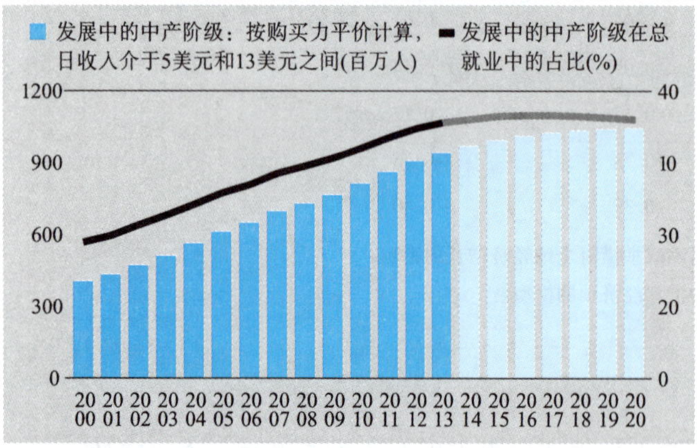

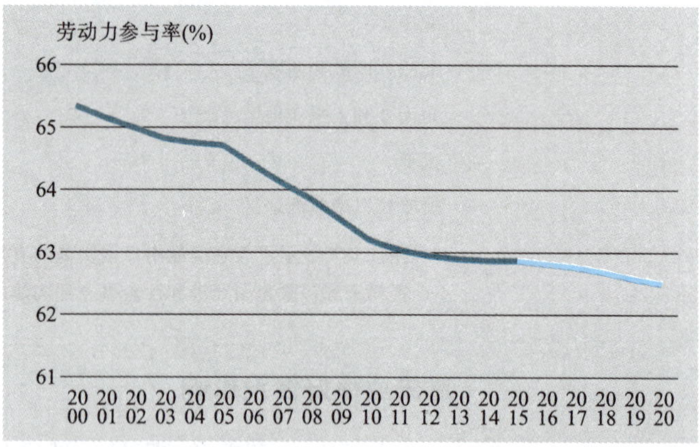

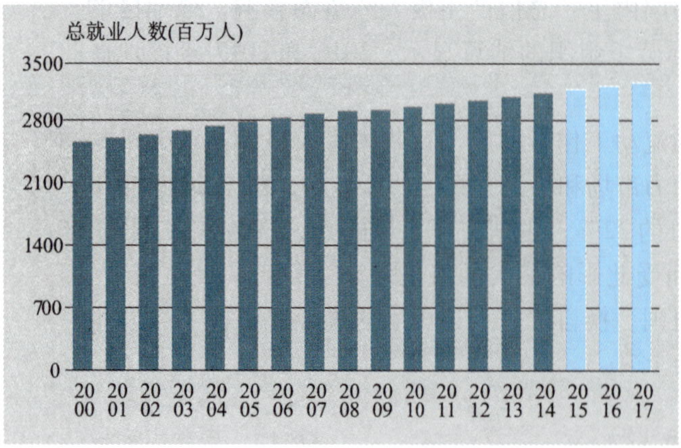

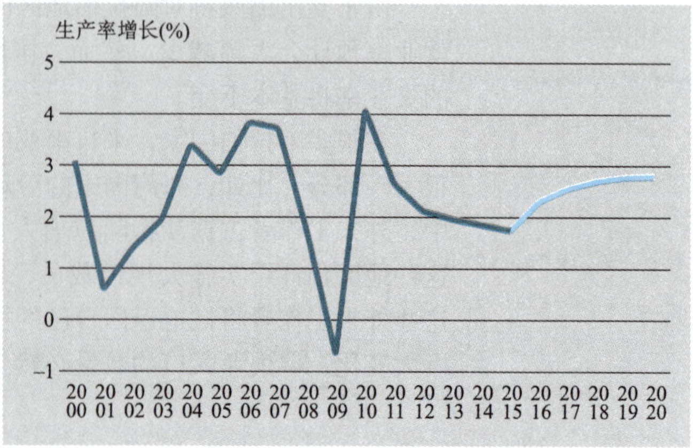

北非

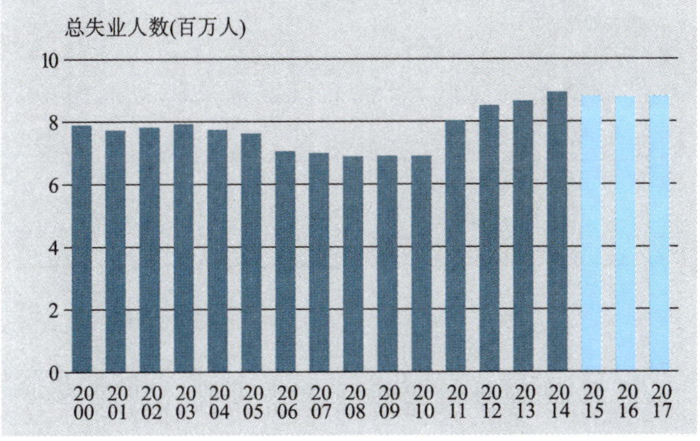
总失业人数(百万人)
0
2
4
6
8
10
2000 2001 2002 2003 2004 2005 2006 2007 2008 2009 2010 2011 2012 2013 2014 2015 2016 2017

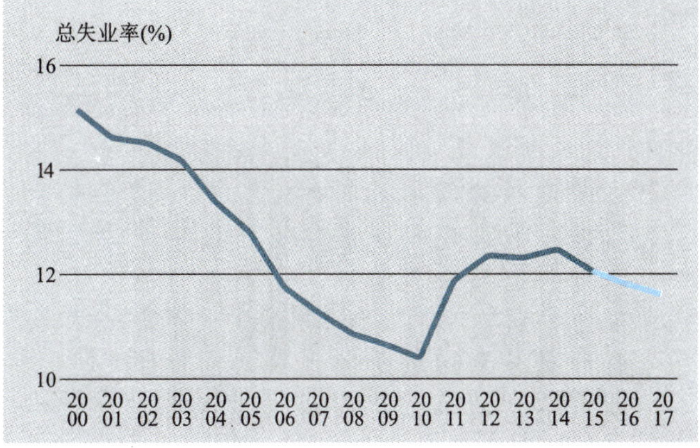
总失业率(%)
10
12
14
16
2000 2001 2002 2003 2004 2005 2006 2007 2008 2009 2010 2011 2012 2013 2014 2015 2016 2017

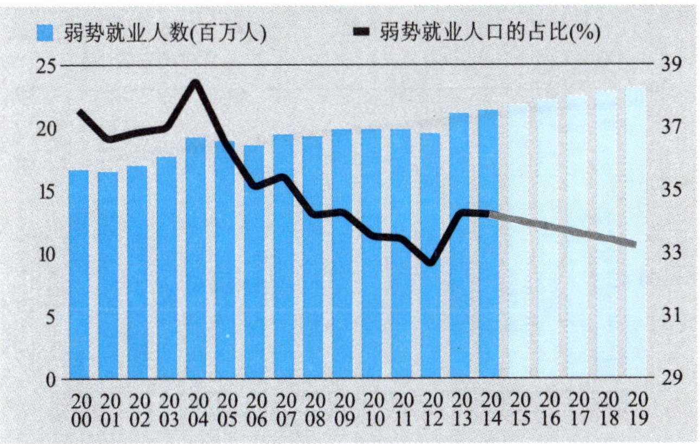
弱势就业人数(百万人)
弱势就业人口的占比(%)
0
5
10
15
20
25
29
31
33
35
37
39
2000 2001 2002 2003 2004 2005 2006 2007 2008 2009 2010 2011 2012 2013 2014 2015 2016 2017 2018 2019

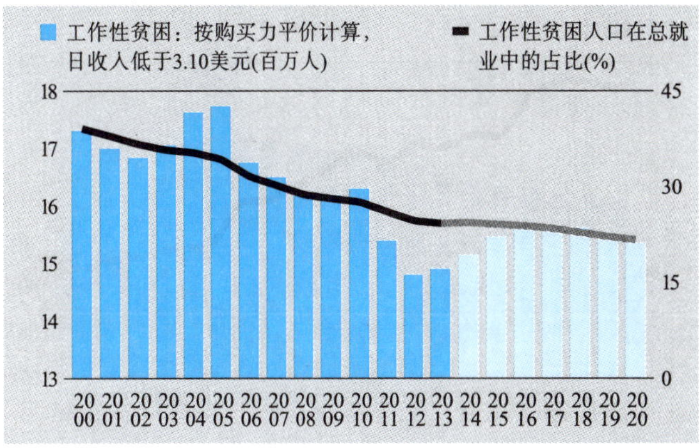
工作性贫困：按购买力平价计算，日收入低于3.10美元(百万人)
工作性贫困人口在总就业中的占比(%)
13
14
15
16
17
18
0
15
30
45
2000 2001 2002 2003 2004 2005 2006 2007 2008 2009 2010 2011 2012 2013 2014 2015 2016 2017 2018 2019 2020

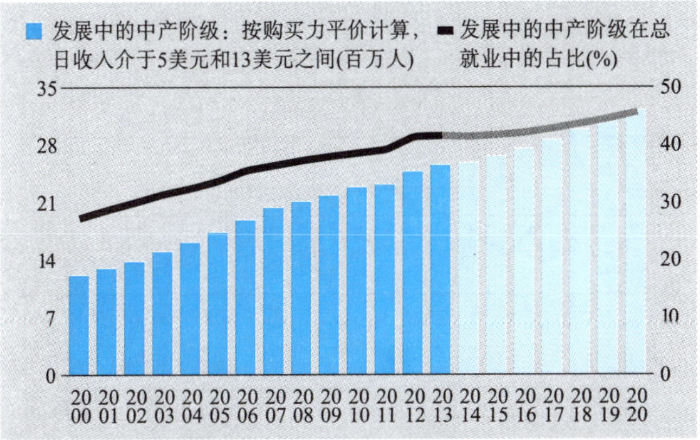
发展中的中产阶级：按购买力平价计算，日收入介于5美元和13美元之间(百万人)
发展中的中产阶级在总就业中的占比(%)
0
7
14
21
28
35
0
10
20
30
40
50
2000 2001 2002 2003 2004 2005 2006 2007 2008 2009 2010 2011 2012 2013 2014 2015 2016 2017 2018 2019 2020

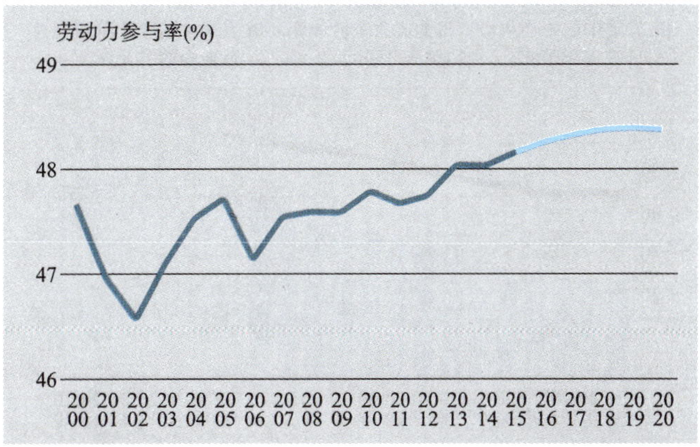
劳动力参与率(%)
46
47
48
49
2000 2001 2002 2003 2004 2005 2006 2007 2008 2009 2010 2011 2012 2013 2014 2015 2016 2017 2018 2019 2020

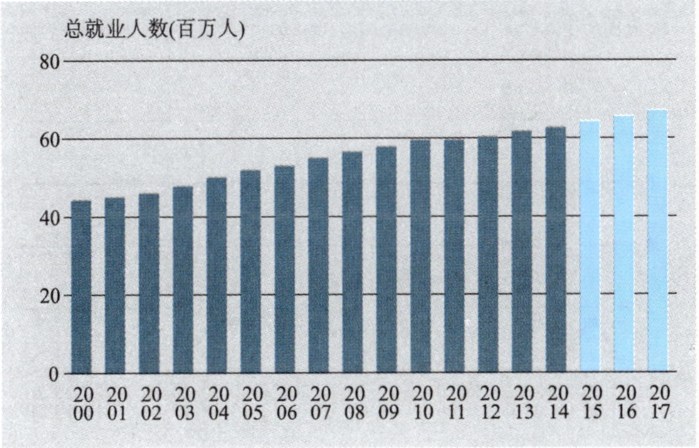
总就业人数(百万人)
0
20
40
60
80
2000 2001 2002 2003 2004 2005 2006 2007 2008 2009 2010 2011 2012 2013 2014 2015 2016 2017

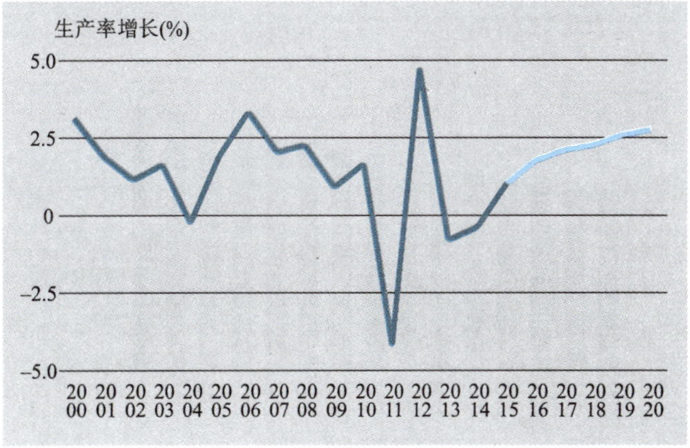
生产率增长(%)
-5.0
-2.5
0
2.5
5.0
2000 2001 2002 2003 2004 2005 2006 2007 2008 2009 2010 2011 2012 2013 2014 2015 2016 2017 2018 2019 2020

撒哈拉以南非洲地区

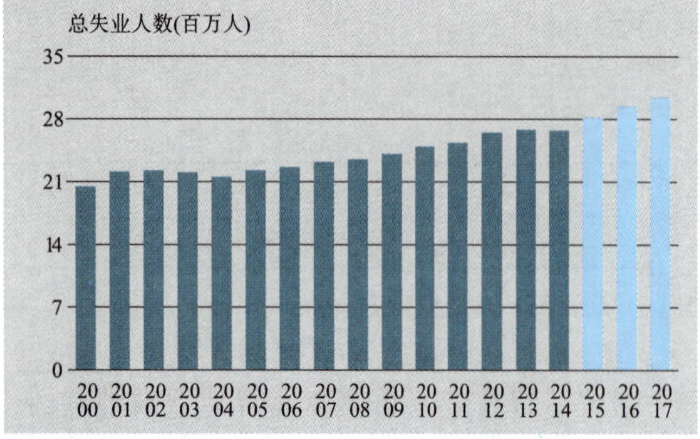
总失业人数(百万人)
35
28
21
14
7
0
2000 2001 2002 2003 2004 2005 2006 2007 2008 2009 2010 2011 2012 2013 2014 2015 2016 2017

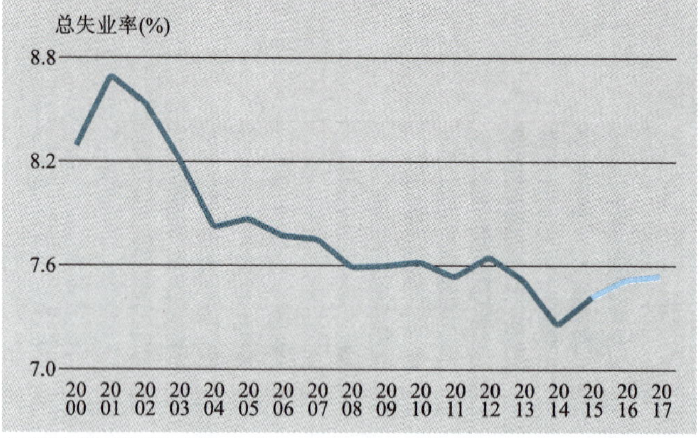
总失业率(%)
8.8
8.2
7.6
7.0
2000 2001 2002 2003 2004 2005 2006 2007 2008 2009 2010 2011 2012 2013 2014 2015 2016 2017

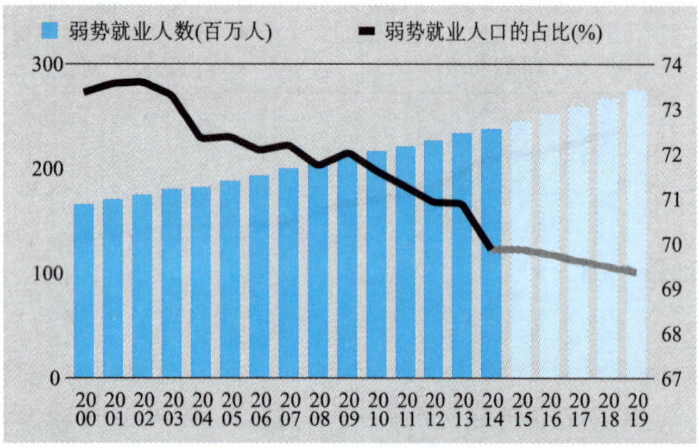
弱势就业人数(百万人)
弱势就业人口的占比(%)
300
200
100
0
74
73
72
71
70
69
68
67
2000 2001 2002 2003 2004 2005 2006 2007 2008 2009 2010 2011 2012 2013 2014 2015 2016 2017 2018 2019

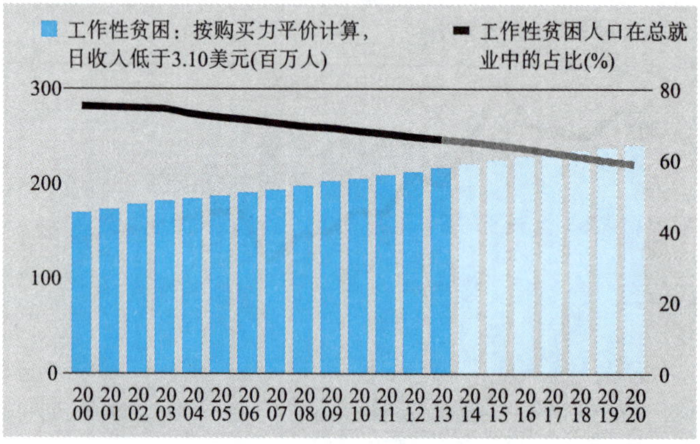
工作性贫困：按购买力平价计算，日收入低于3.10美元(百万人)
工作性贫困人口在总就业中的占比(%)
300
200
100
0
80
60
40
20
0
2000 2001 2002 2003 2004 2005 2006 2007 2008 2009 2010 2011 2012 2013 2014 2015 2016 2017 2018 2019 2020

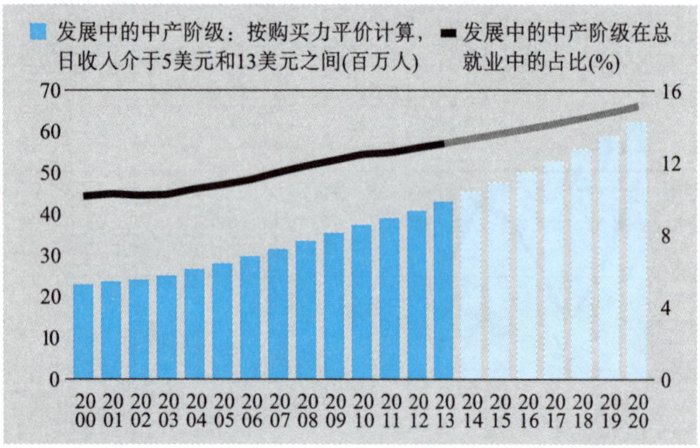
发展中的中产阶级：按购买力平价计算，日收入介于5美元和13美元之间(百万人)
发展中的中产阶级在总就业中的占比(%)
70
60
50
40
30
20
10
0
16
12
8
4
0
2000 2001 2002 2003 2004 2005 2006 2007 2008 2009 2010 2011 2012 2013 2014 2015 2016 2017 2018 2019 2020

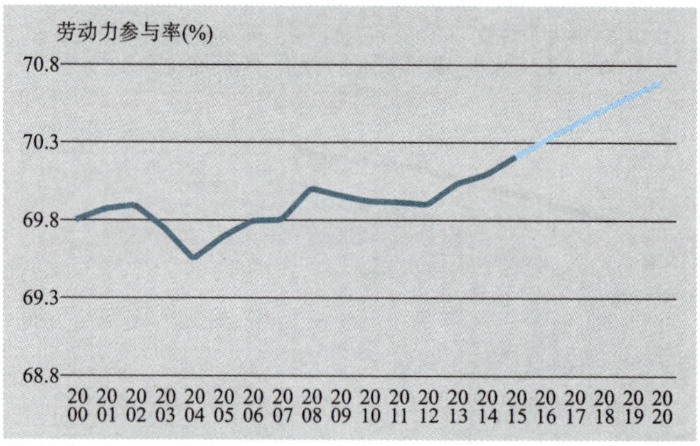
劳动力参与率(%)
70.8
70.3
69.8
69.3
68.8
2000 2001 2002 2003 2004 2005 2006 2007 2008 2009 2010 2011 2012 2013 2014 2015 2016 2017 2018 2019 2020

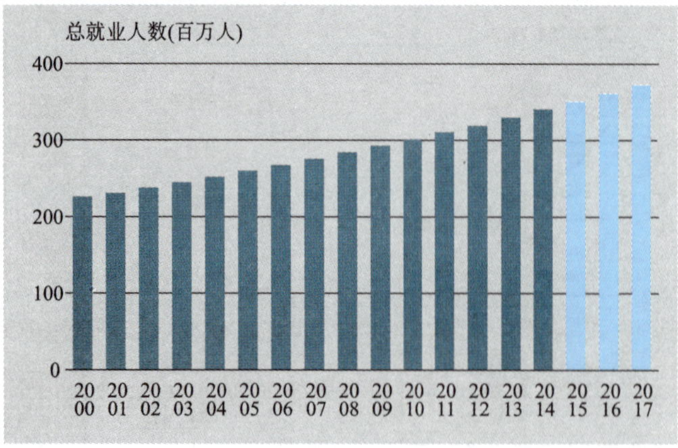
总就业人数(百万人)
400
300
200
100
0
2000 2001 2002 2003 2004 2005 2006 2007 2008 2009 2010 2011 2012 2013 2014 2015 2016 2017

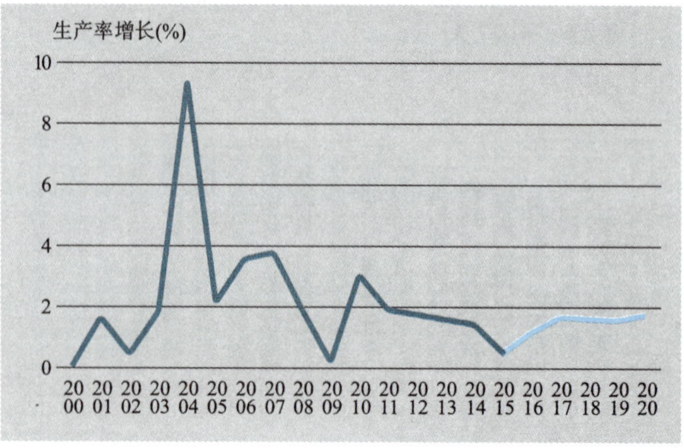
生产率增长(%)
10
8
6
4
2
0
2000 2001 2002 2003 2004 2005 2006 2007 2008 2009 2010 2011 2012 2013 2014 2015 2016 2017 2018 2019 2020

拉丁美洲和加勒比海地区

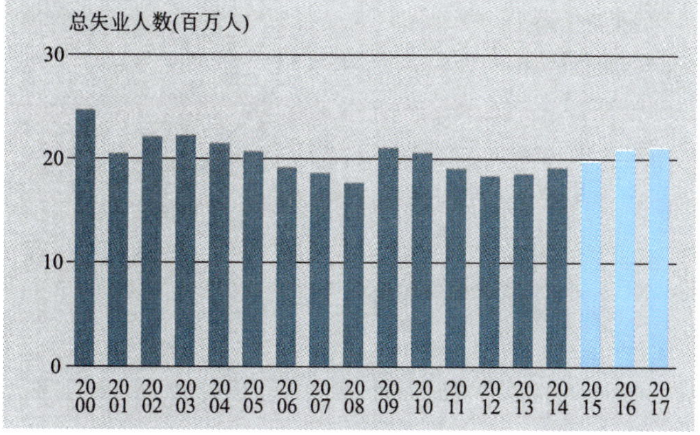

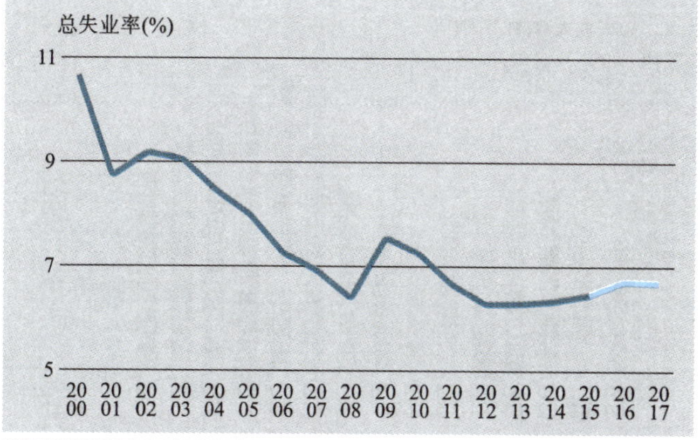

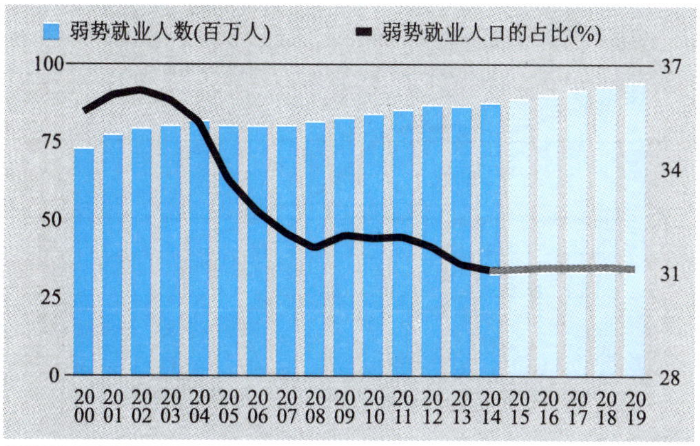

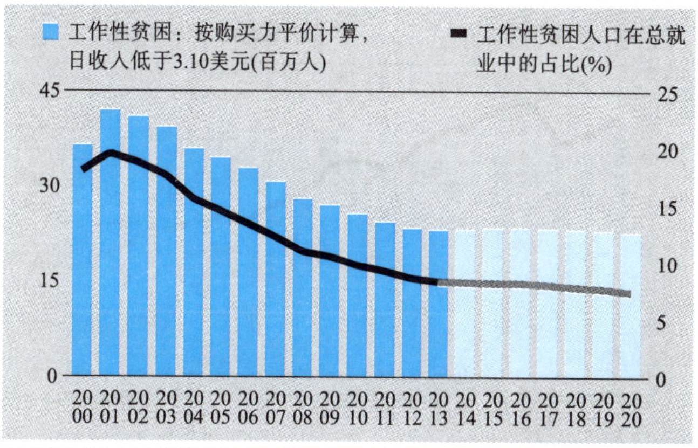

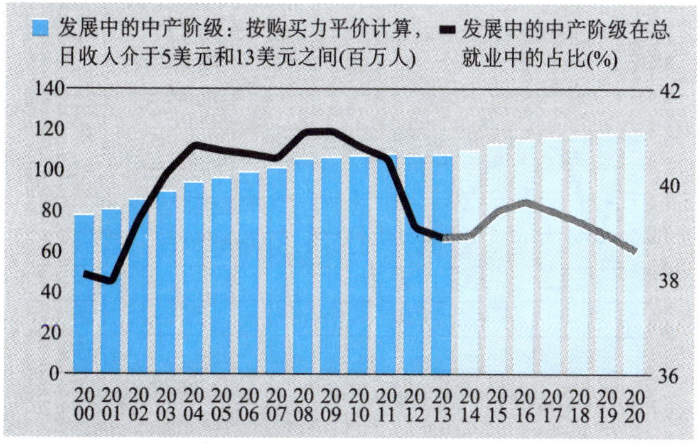

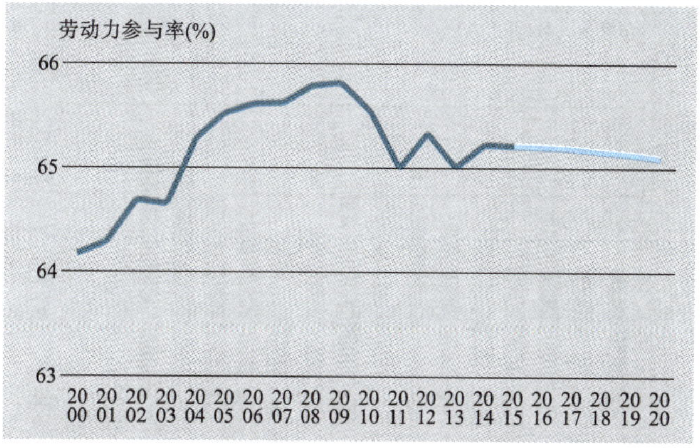

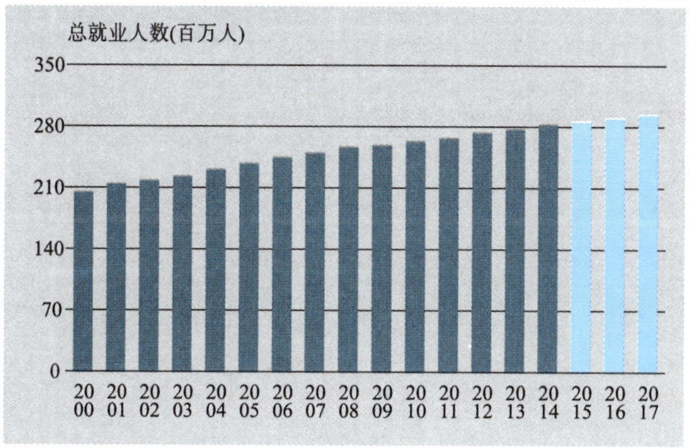

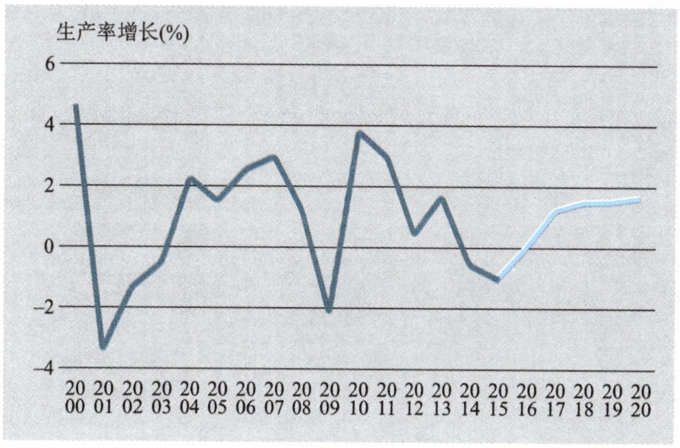

北美

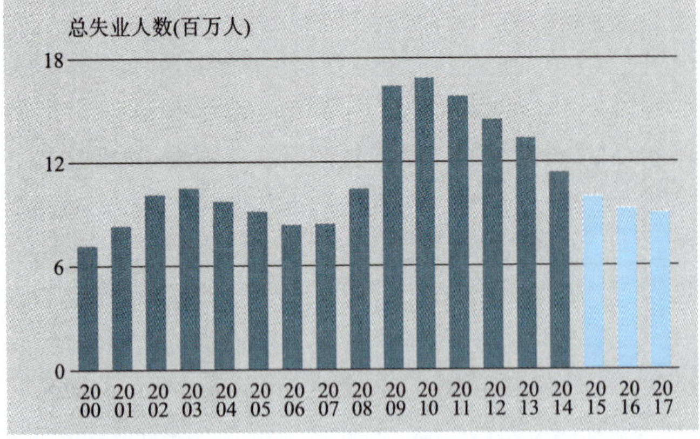

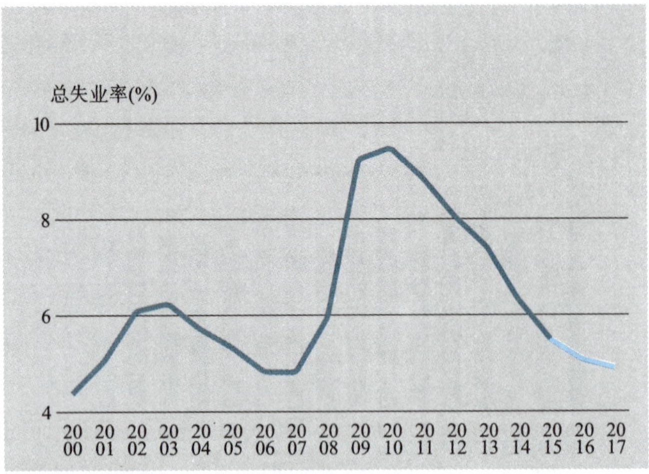

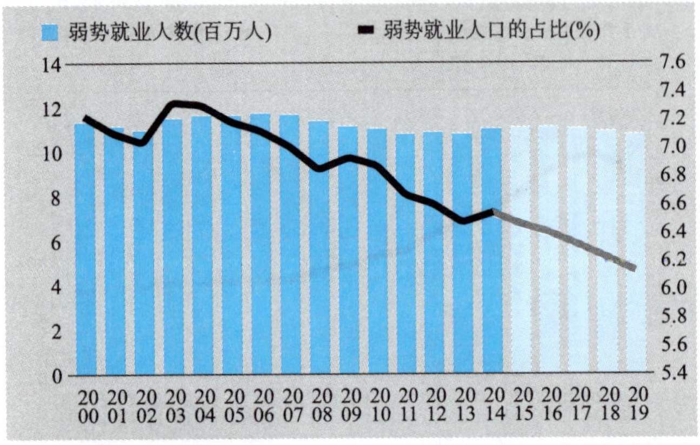

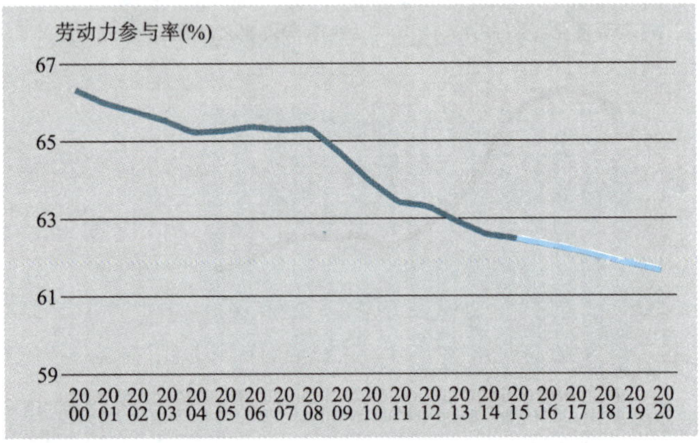

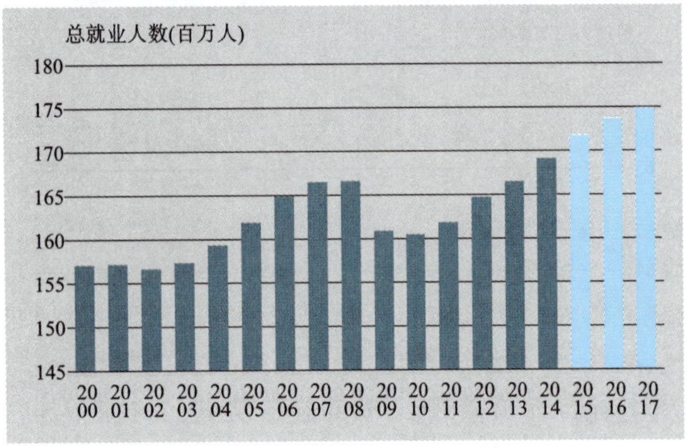

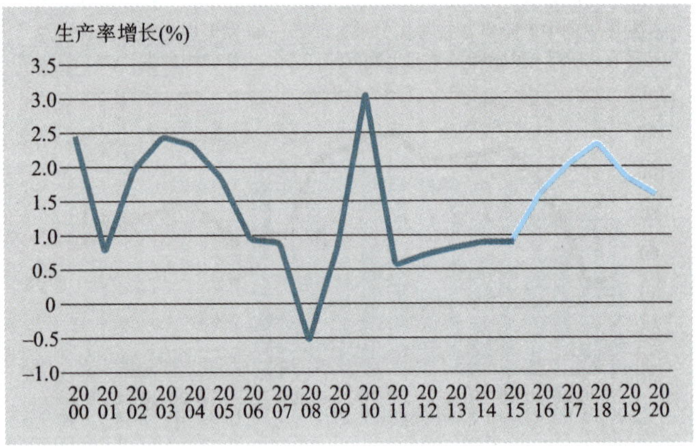

阿拉伯国家

总失业人数(百万人)

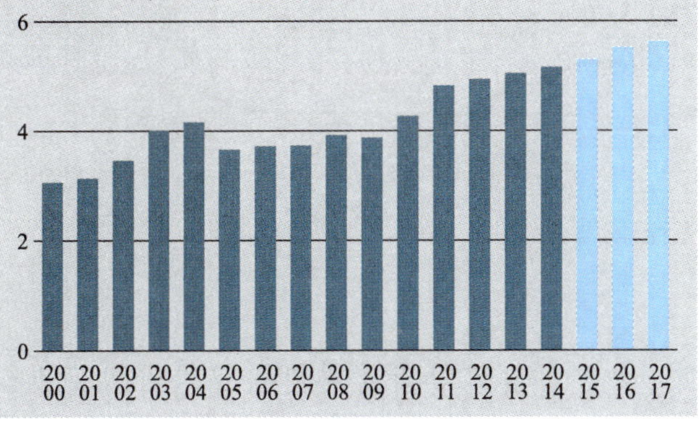

总失业率(%)

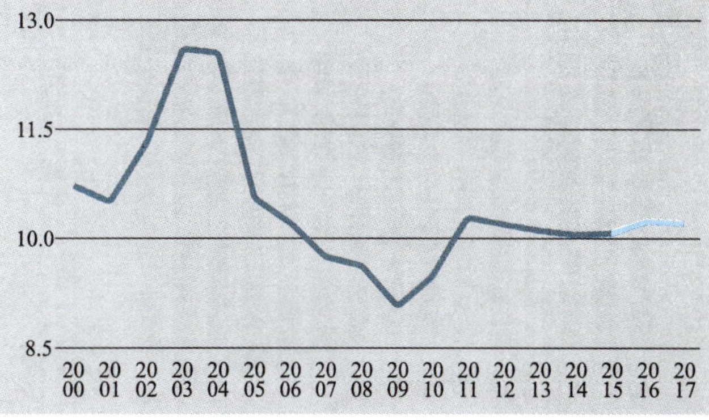

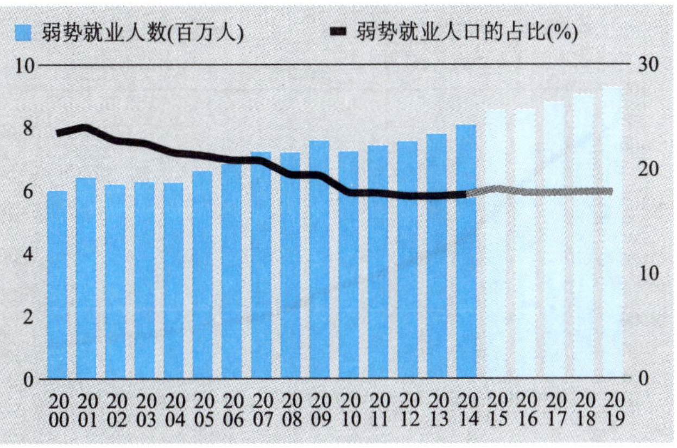

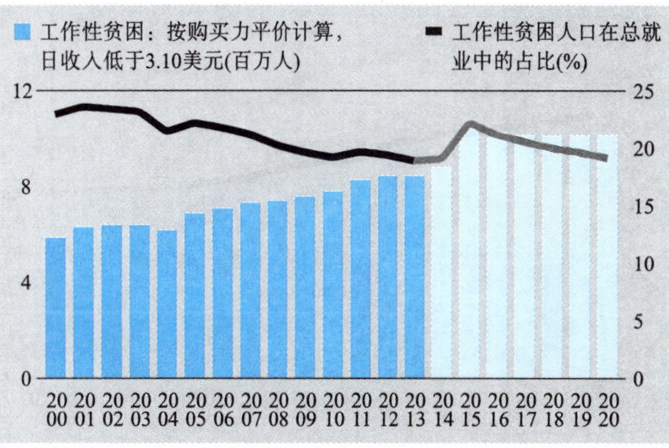

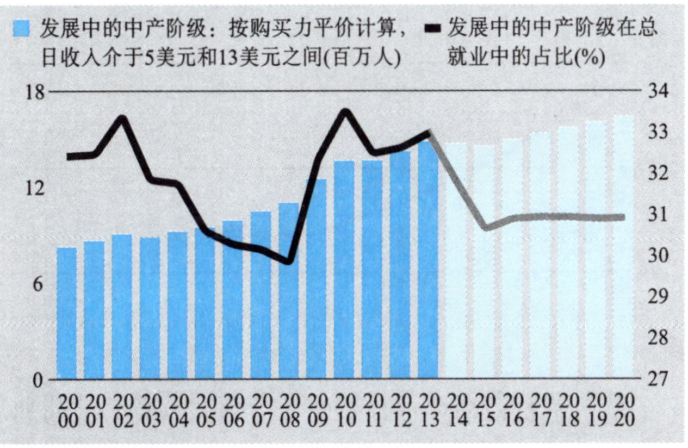

劳动力参与率(%)

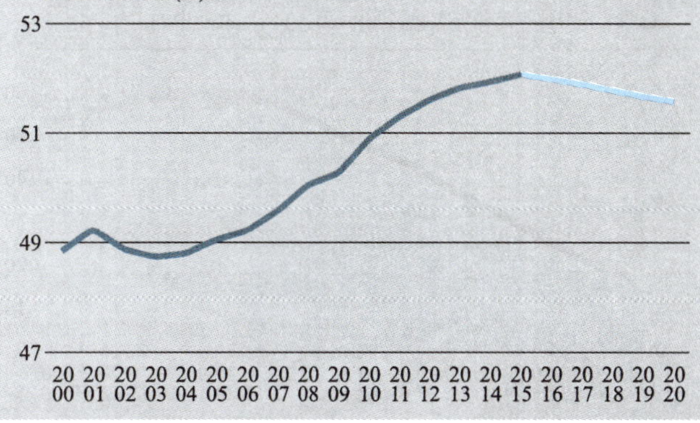

总就业人数(百万人)

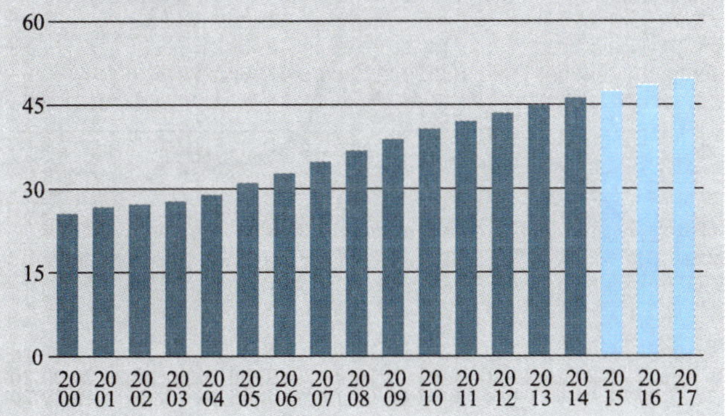

生产率增长(%)

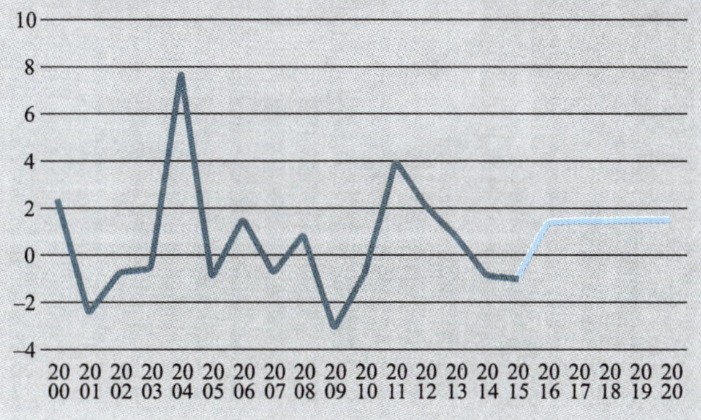

东亚

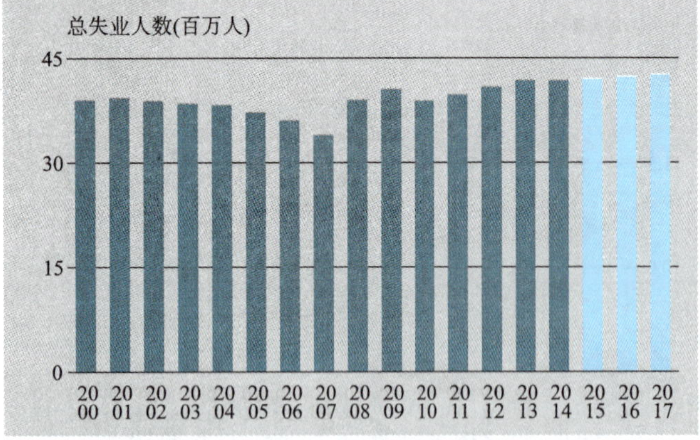
总失业人数(百万人)
45
30
15
0

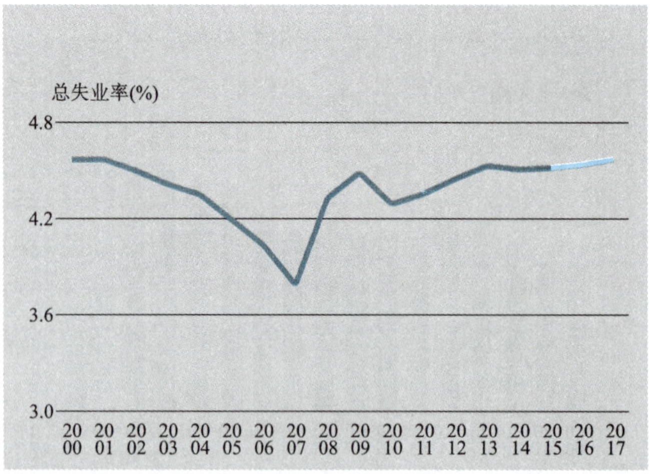
总失业率(%)
4.8
4.2
3.6
3.0

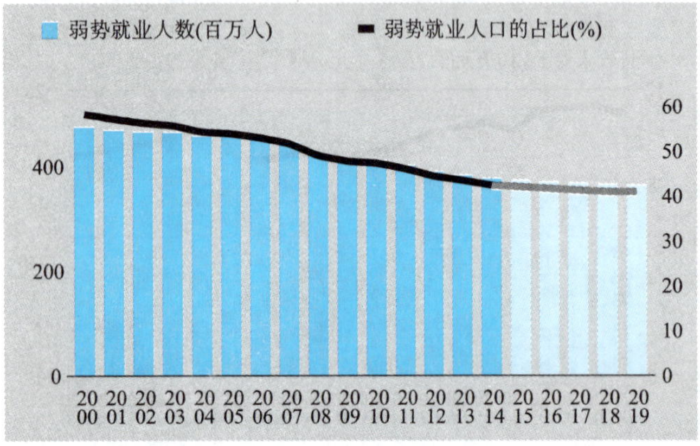
弱势就业人数(百万人)
弱势就业人口的占比(%)
400
200
0
60
50
40
30
20
10
0

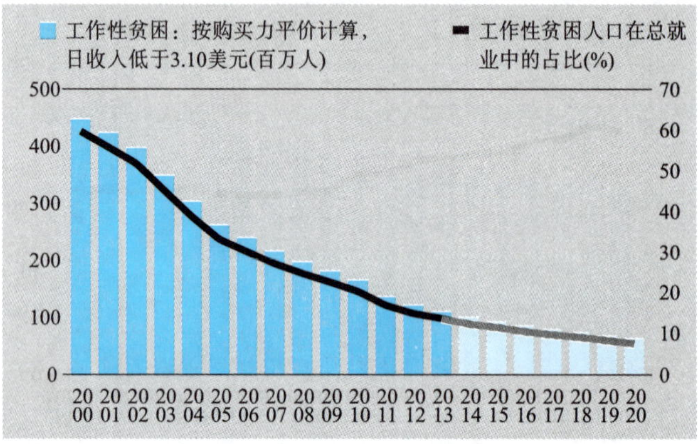
工作性贫困：按购买力平价计算，日收入低于3.10美元(百万人)
工作性贫困人口在总就业中的占比(%)
500
400
300
200
100
0
70
60
50
40
30
20
10
0

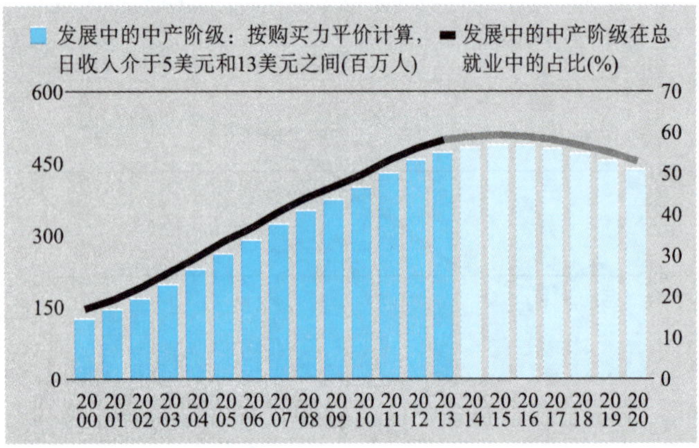
发展中的中产阶级：按购买力平价计算，日收入介于5美元和13美元之间(百万人)
发展中的中产阶级在总就业中的占比(%)
600
450
300
150
0
70
60
50
40
30
20
10
0

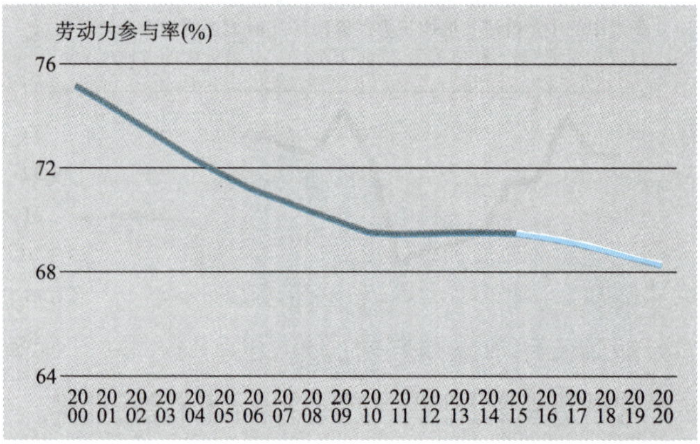
劳动力参与率(%)
76
72
68
64

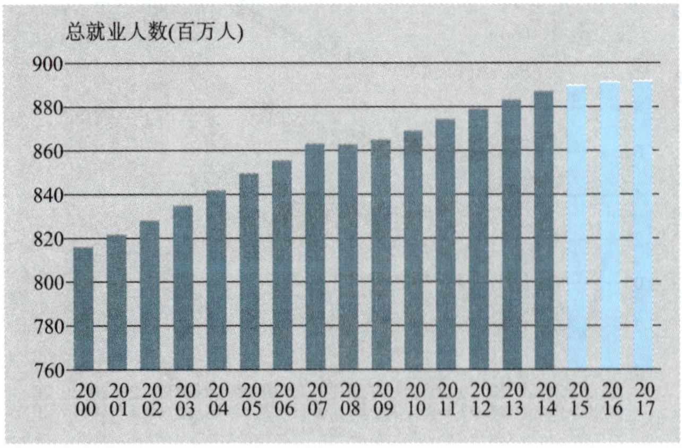
总就业人数(百万人)
900
880
860
840
820
800
780
760

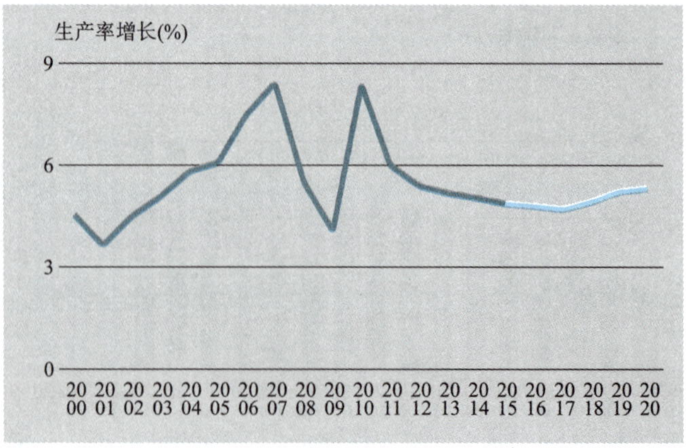
生产率增长(%)
9
6
3
0

东南亚和太平洋地区

总失业人数(百万人)

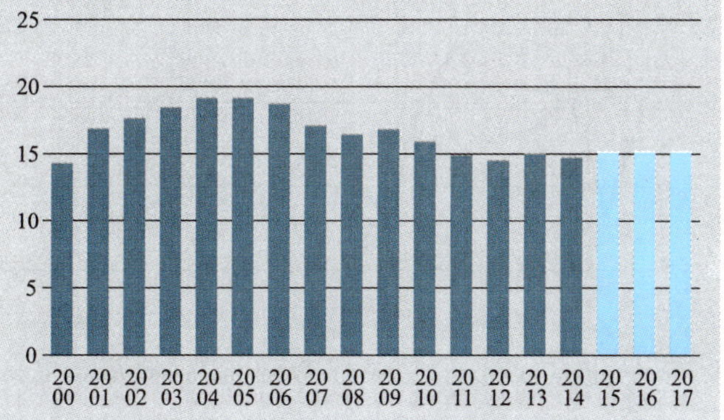

总失业率(%)

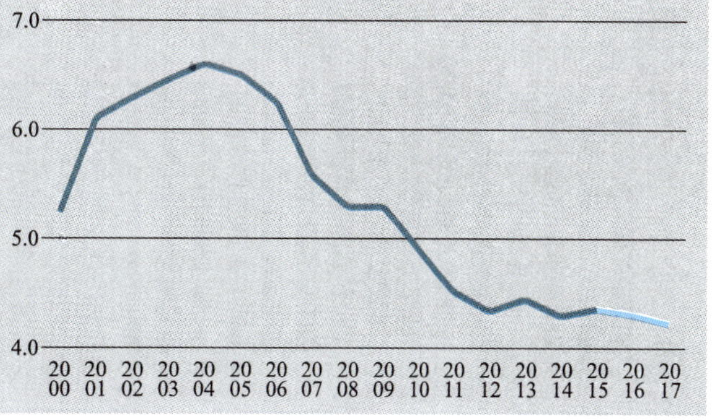

弱势就业人数(百万人)　　弱势就业人口的占比(%)

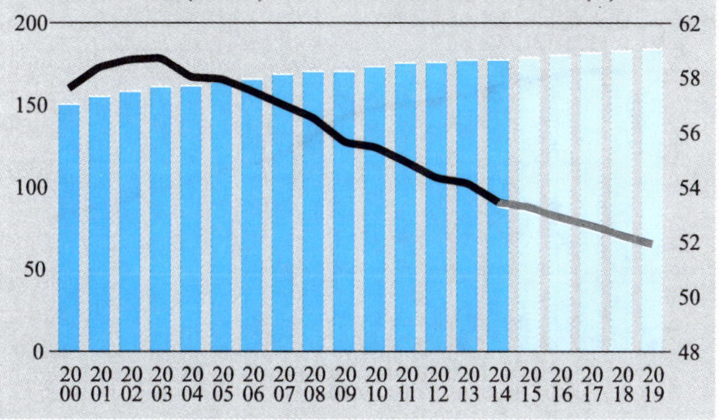

工作性贫困：按购买力平价计算，日收入低于3.10美元(百万人)　　工作性贫困人口在总就业中的占比(%)

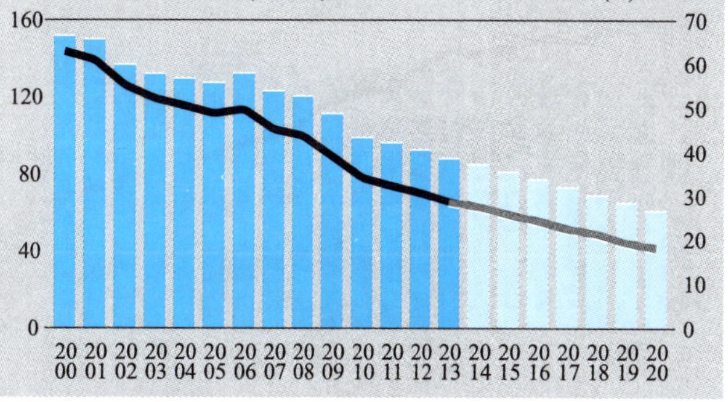

发展中的中产阶级：按购买力平价计算，日收入介于5美元和13美元之间(百万人)　　发展中的中产阶级在总就业中的占比(%)

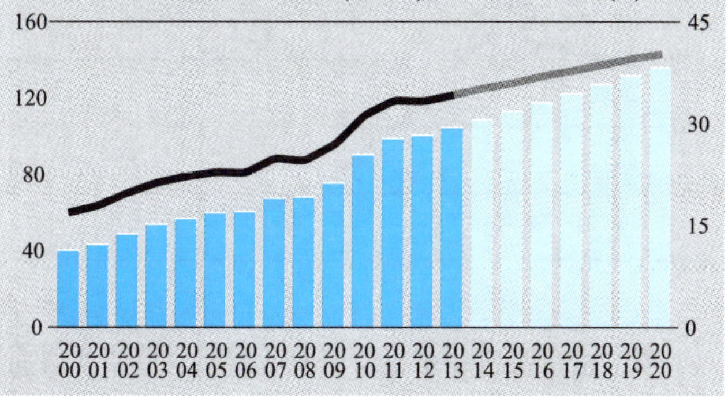

劳动力参与率(%)

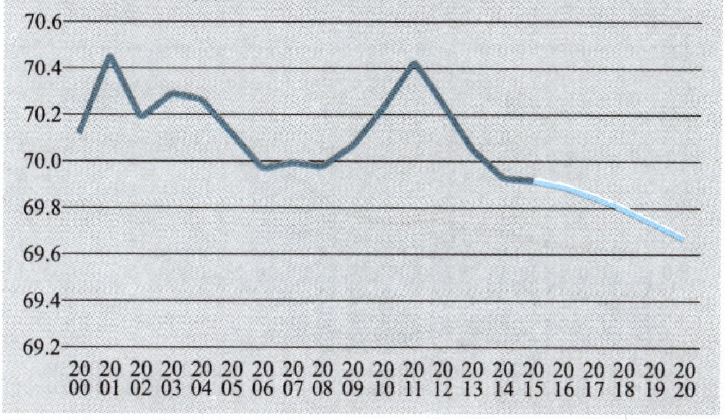

总就业人数(百万人)

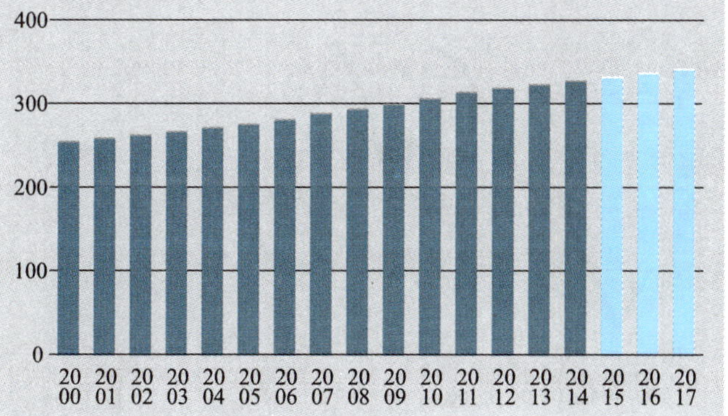

生产率增长(%)

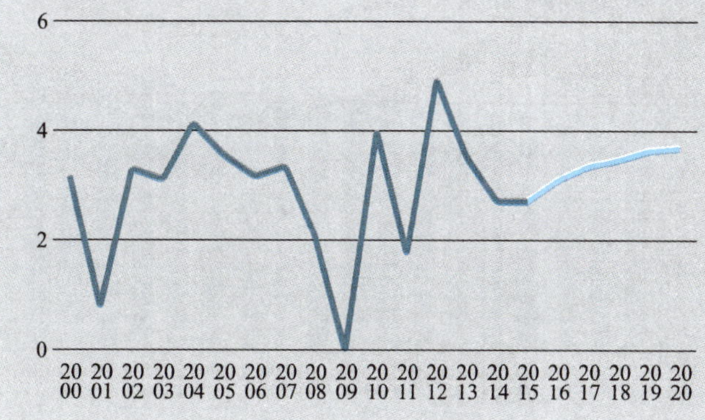

南亚

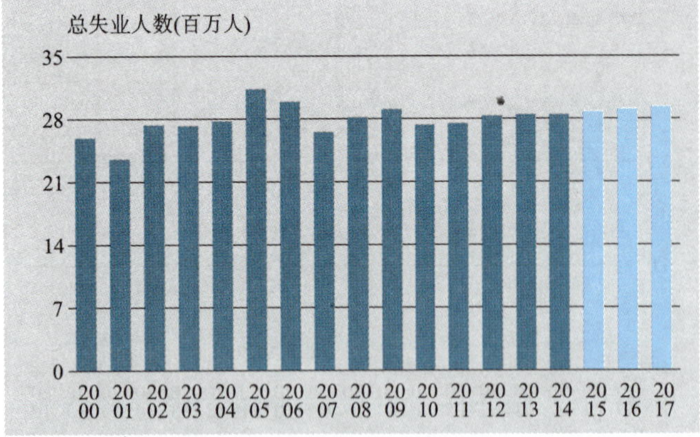
总失业人数(百万人)
35
28
21
14
7
0
20 00 20 01 20 02 20 03 20 04 20 05 20 06 20 07 20 08 20 09 20 10 20 11 20 12 20 13 20 14 20 15 20 16 20 17

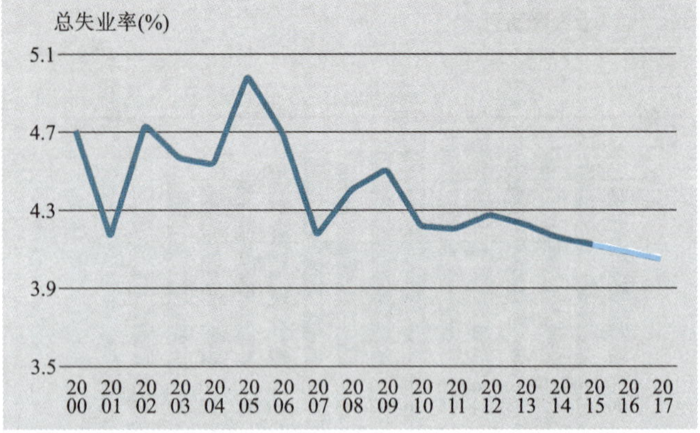
总失业率(%)
5.1
4.7
4.3
3.9
3.5
20 00 20 01 20 02 20 03 20 04 20 05 20 06 20 07 20 08 20 09 20 10 20 11 20 12 20 13 20 14 20 15 20 16 20 17

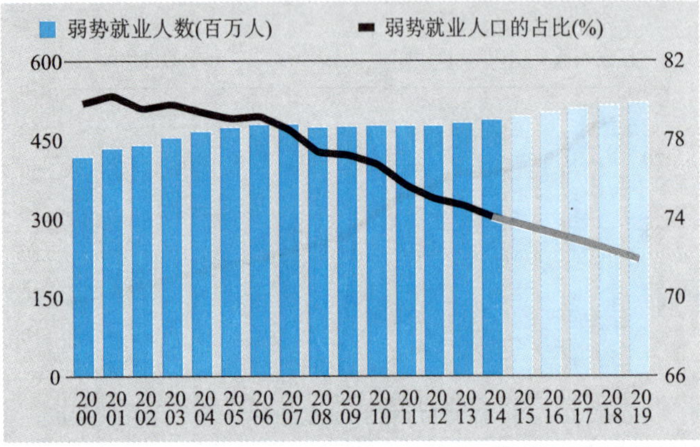
弱势就业人数(百万人)
弱势就业人口的占比(%)
600
450
300
150
0
82
78
74
70
66
20 00 20 01 20 02 20 03 20 04 20 05 20 06 20 07 20 08 20 09 20 10 20 11 20 12 20 13 20 14 20 15 20 16 20 17 20 18 20 19

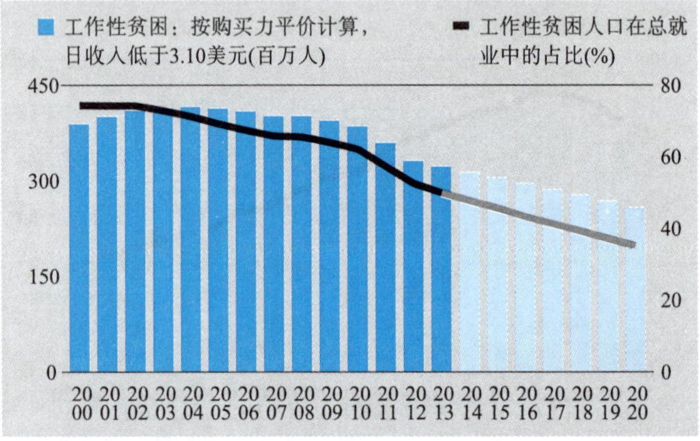
工作性贫困：按购买力平价计算，日收入低于3.10美元(百万人)
工作性贫困人口在总就业中的占比(%)
450
300
150
0
80
60
40
20
0
20 00 20 01 20 02 20 03 20 04 20 05 20 06 20 07 20 08 20 09 20 10 20 11 20 12 20 13 20 14 20 15 20 16 20 17 20 18 20 19 20 20

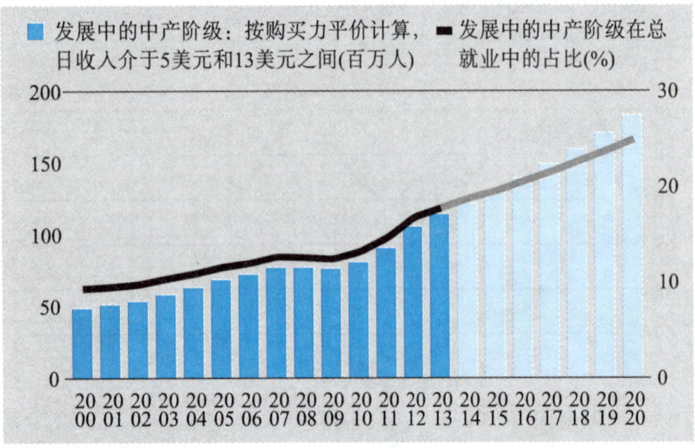
发展中的中产阶级：按购买力平价计算，日收入介于5美元和13美元之间(百万人)
发展中的中产阶级在总就业中的占比(%)
200
150
100
50
0
30
20
10
0
20 00 20 01 20 02 20 03 20 04 20 05 20 06 20 07 20 08 20 09 20 10 20 11 20 12 20 13 20 14 20 15 20 16 20 17 20 18 20 19 20 20

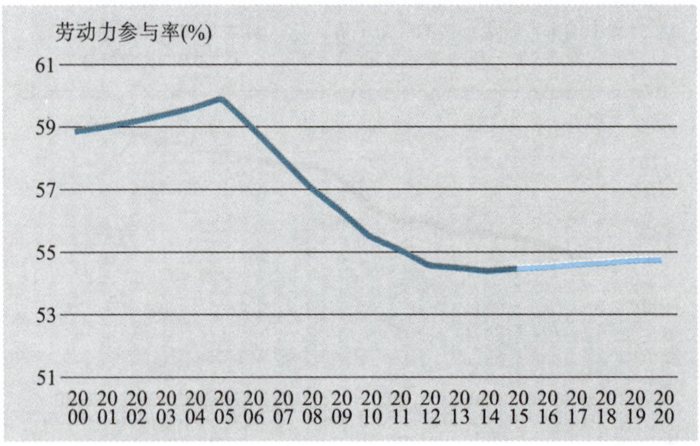
劳动力参与率(%)
61
59
57
55
53
51
20 00 20 01 20 02 20 03 20 04 20 05 20 06 20 07 20 08 20 09 20 10 20 11 20 12 20 13 20 14 20 15 20 16 20 17 20 18 20 19 20 20

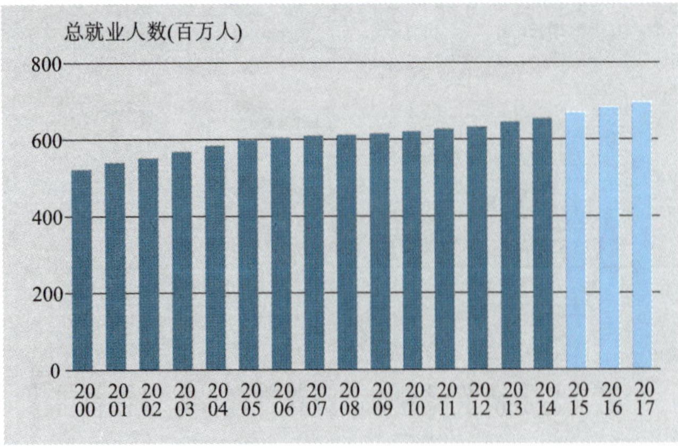
总就业人数(百万人)
800
600
400
200
0
20 00 20 01 20 02 20 03 20 04 20 05 20 06 20 07 20 08 20 09 20 10 20 11 20 12 20 13 20 14 20 15 20 16 20 17

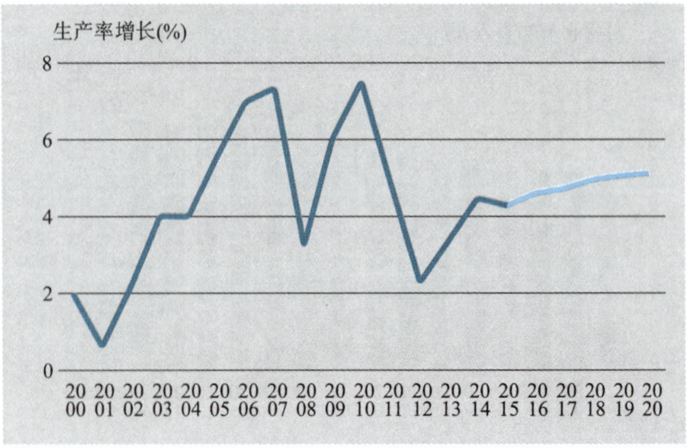
生产率增长(%)
8
6
4
2
0
20 00 20 01 20 02 20 03 20 04 20 05 20 06 20 07 20 08 20 09 20 10 20 11 20 12 20 13 20 14 20 15 20 16 20 17 20 18 20 19 20 20

北欧、南欧和西欧

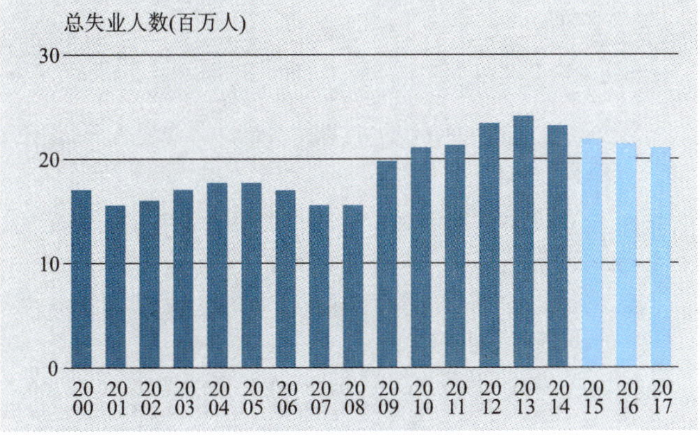

总失业人数(百万人)
30
20
10
0
20 00 20 01 20 02 20 03 20 04 20 05 20 06 20 07 20 08 20 09 20 10 20 11 20 12 20 13 20 14 20 15 20 16 20 17

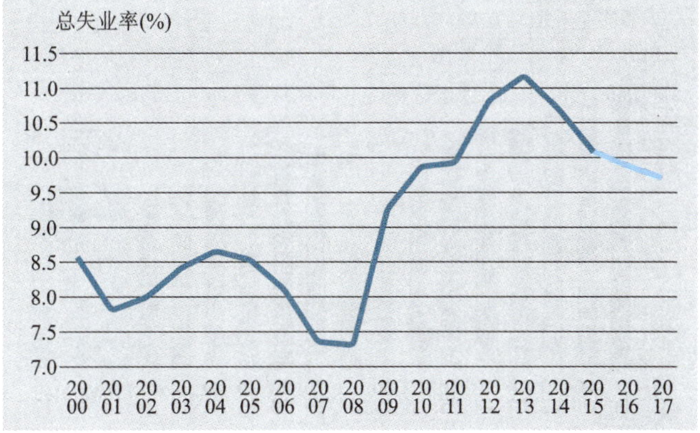

总失业率(%)
11.5
11.0
10.5
10.0
9.5
9.0
8.5
8.0
7.5
7.0
20 00 20 01 20 02 20 03 20 04 20 05 20 06 20 07 20 08 20 09 20 10 20 11 20 12 20 13 20 14 20 15 20 16 20 17

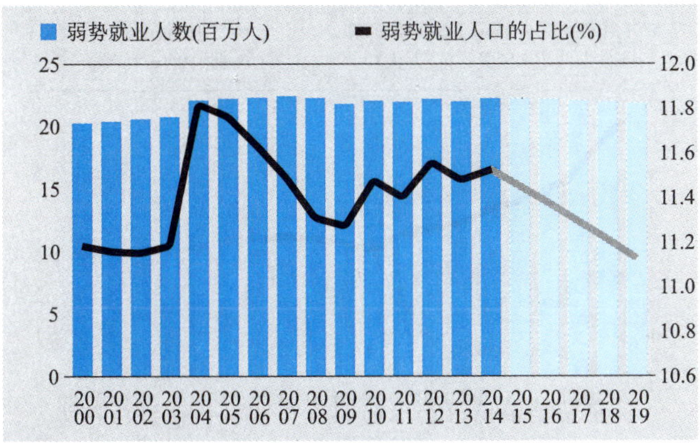

弱势就业人数(百万人)
弱势就业人口的占比(%)
25
20
15
10
5
0
12.0
11.8
11.6
11.4
11.2
11.0
10.8
10.6
20 00 20 01 20 02 20 03 20 04 20 05 20 06 20 07 20 08 20 09 20 10 20 11 20 12 20 13 20 14 20 15 20 16 20 17 20 18 20 19

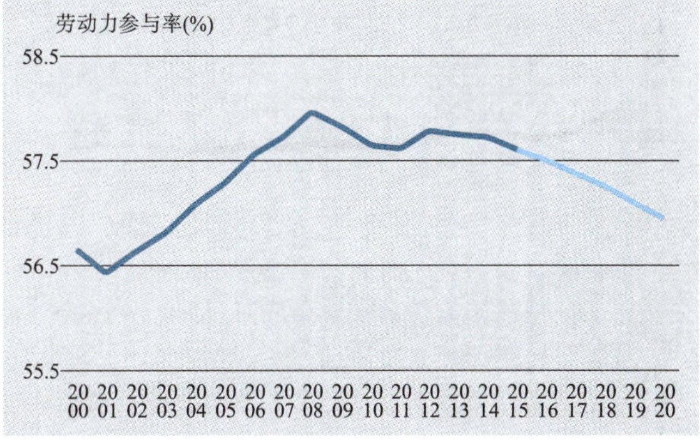

劳动力参与率(%)
58.5
57.5
56.5
55.5
20 00 20 01 20 02 20 03 20 04 20 05 20 06 20 07 20 08 20 09 20 10 20 11 20 12 20 13 20 14 20 15 20 16 20 17 20 18 20 19 20 20

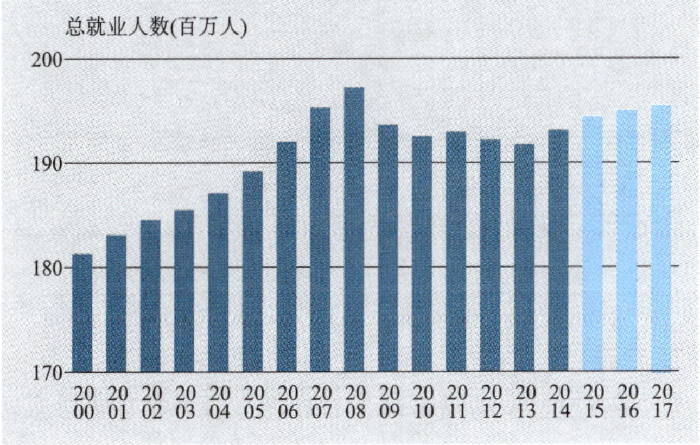

总就业人数(百万人)
200
190
180
170
20 00 20 01 20 02 20 03 20 04 20 05 20 06 20 07 20 08 20 09 20 10 20 11 20 12 20 13 20 14 20 15 20 16 20 17

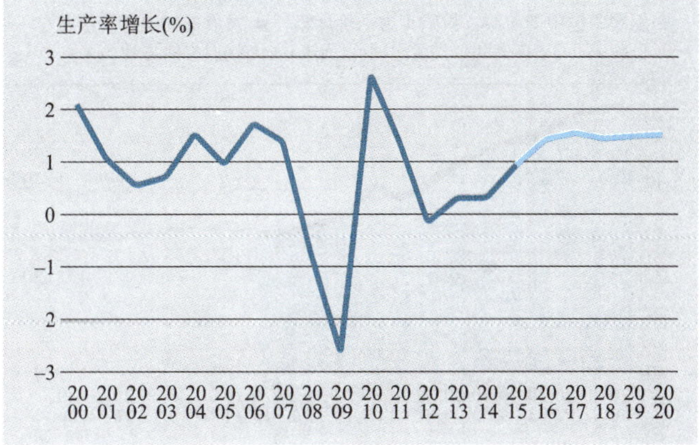

生产率增长(%)
3
2
1
0
-1
2
-3
20 00 20 01 20 02 20 03 20 04 20 05 20 06 20 07 20 08 20 09 20 10 20 11 20 12 20 13 20 14 20 15 20 16 20 17 20 18 20 19 20 20

东欧

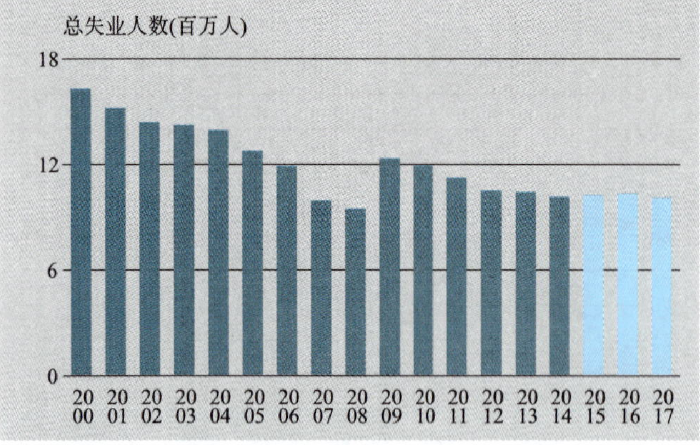
总失业人数(百万人)
18
12
6
0
20 00 20 01 20 02 20 03 20 04 20 05 20 06 20 07 20 08 20 09 20 10 20 11 20 12 20 13 20 14 20 15 20 16 20 17

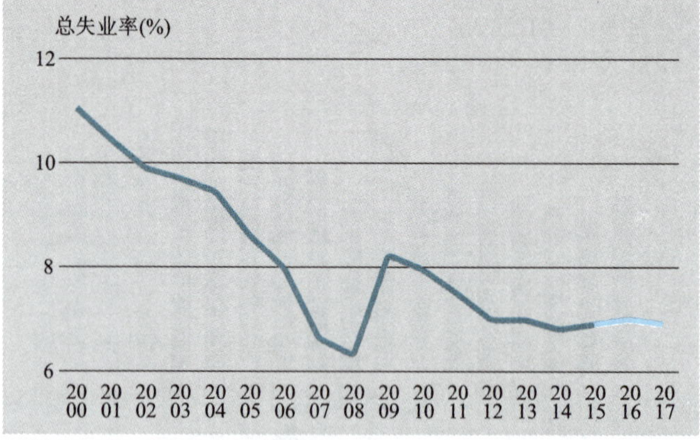
总失业率(%)
12
10
8
6
20 00 20 01 20 02 20 03 20 04 20 05 20 06 20 07 20 08 20 09 20 10 20 11 20 12 20 13 20 14 20 15 20 16 20 17

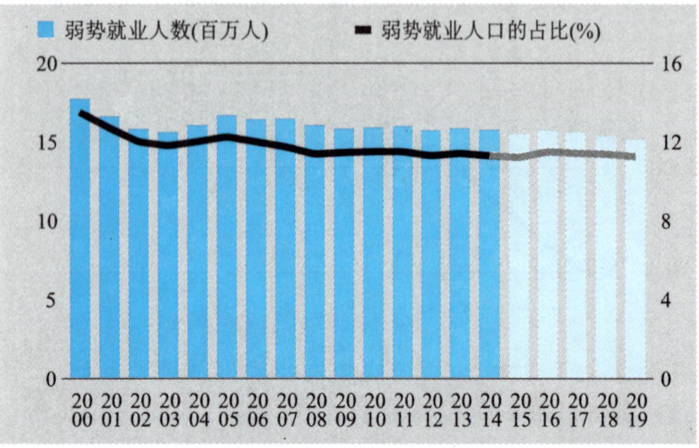
弱势就业人数(百万人)
弱势就业人口的占比(%)
20
15
10
5
0
16
12
8
4
0
20 00 20 01 20 02 20 03 20 04 20 05 20 06 20 07 20 08 20 09 20 10 20 11 20 12 20 13 20 14 20 15 20 16 20 17 20 18 20 19

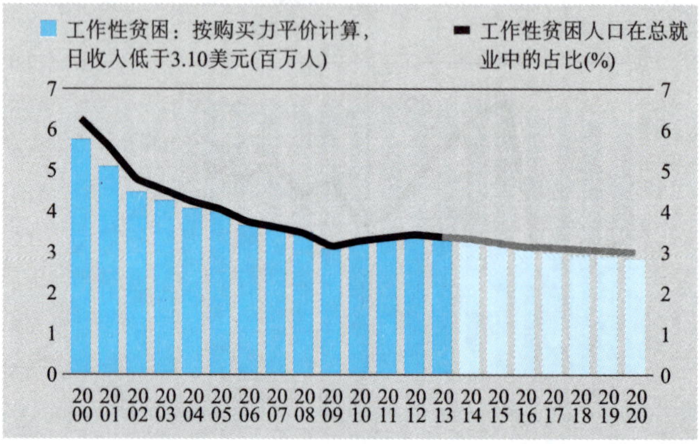
工作性贫困：按购买力平价计算，日收入低于3.10美元(百万人)
工作性贫困人口在总就业中的占比(%)
7
6
5
4
3
2
1
0
20 00 20 01 20 02 20 03 20 04 20 05 20 06 20 07 20 08 20 09 20 10 20 11 20 12 20 13 20 14 20 15 20 16 20 17 20 18 20 19 20 20

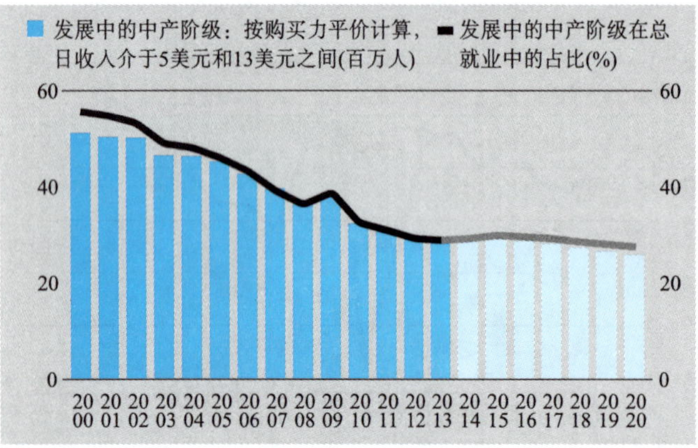
发展中的中产阶级：按购买力平价计算，日收入介于5美元和13美元之间(百万人)
发展中的中产阶级在总就业中的占比(%)
60
40
20
0
20 00 20 01 20 02 20 03 20 04 20 05 20 06 20 07 20 08 20 09 20 10 20 11 20 12 20 13 20 14 20 15 20 16 20 17 20 18 20 19 20 20

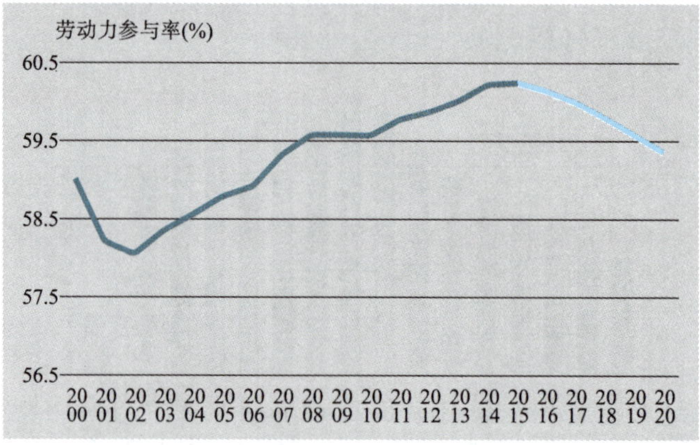
劳动力参与率(%)
60.5
59.5
58.5
57.5
56.5
20 00 20 01 20 02 20 03 20 04 20 05 20 06 20 07 20 08 20 09 20 10 20 11 20 12 20 13 20 14 20 15 20 16 20 17 20 18 20 19 20 20

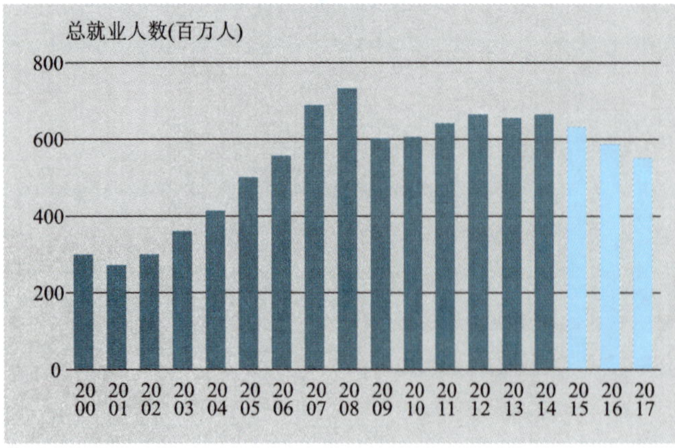
总就业人数(百万人)
800
600
400
200
0
20 00 20 01 20 02 20 03 20 04 20 05 20 06 20 07 20 08 20 09 20 10 20 11 20 12 20 13 20 14 20 15 20 16 20 17

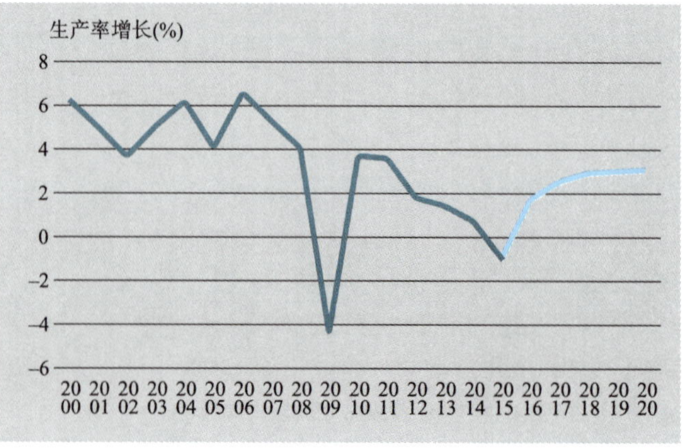
生产率增长(%)
8
6
4
2
0
−2
−4
−6
20 00 20 01 20 02 20 03 20 04 20 05 20 06 20 07 20 08 20 09 20 10 20 11 20 12 20 13 20 14 20 15 20 16 20 17 20 18 20 19 20 20

中亚和西亚

总失业人数(百万人)

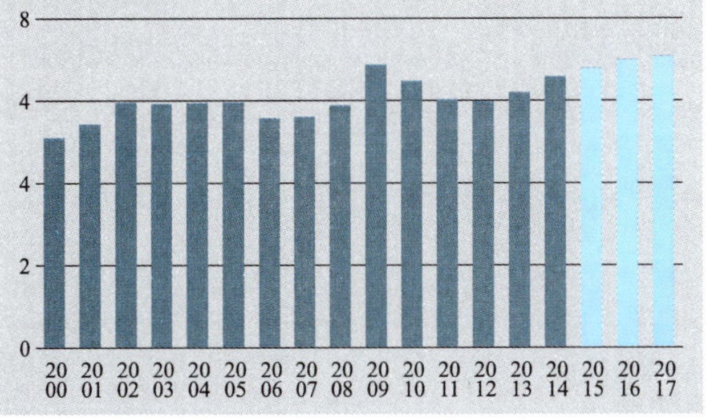

总失业率(%)

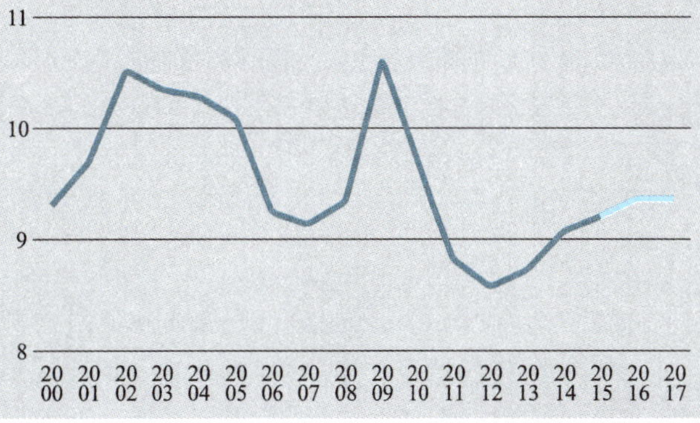

弱势就业人数(百万人)　弱势就业人口的占比(%)

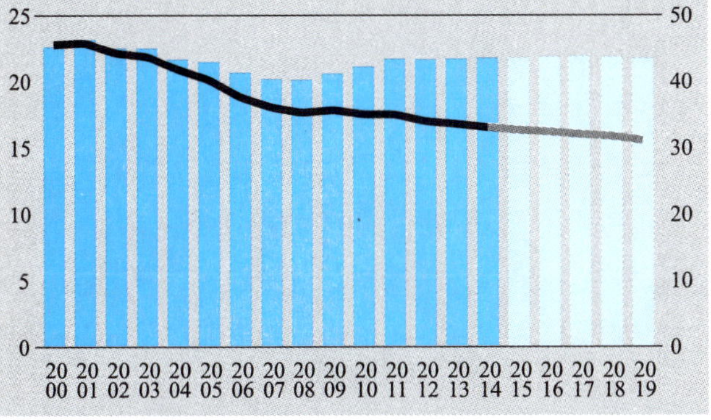

工作性贫困：按购买力平价计算，日收入低于3.10美元(百万人)　工作性贫困人口在总就业中的占比(%)

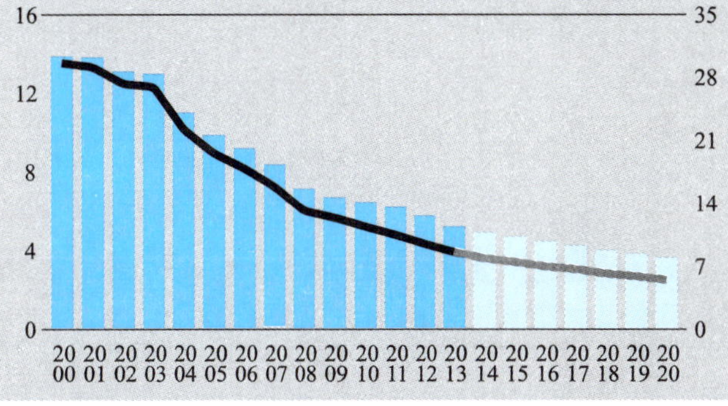

发展中的中产阶级：按购买力平价计算，日收入介于5美元和13美元之间(百万人)　发展中的中产阶级在总就业中的占比(%)

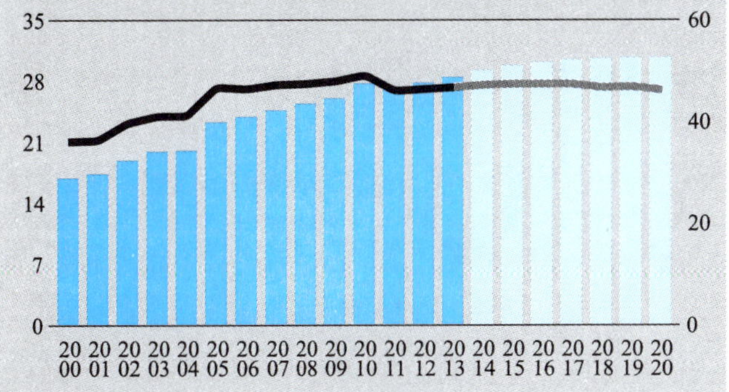

劳动力参与率(%)

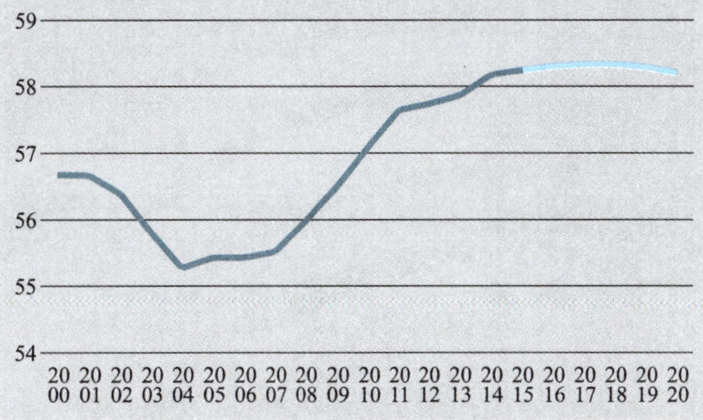

总就业人数(百万人)

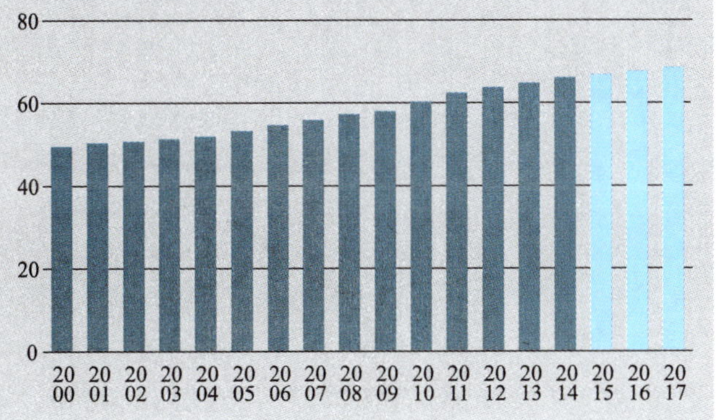

生产率增长(%)

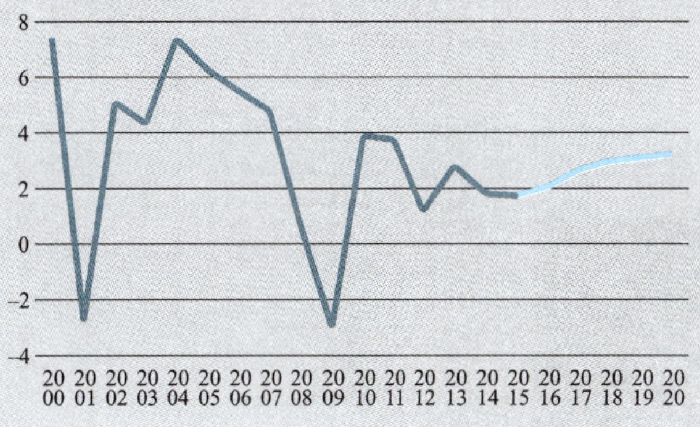

参考文献

African Development Bank (AfDB). 2012. *Supporting the Transformation of the Private Sector in Africa: Private sector development strategy of the African Development Bank Group, 2012–2017* (Abidjan).

—. 2014. *Labour market reforms in post-transition North Africa,* Economic Brief (Abidjan).

—.; Organisation for Economic Co-operation and Development (OECD); United Nations Development Programme (UNDP). 2015. *African Economic Outlook 2015: Regional development and spatial inclusion.*

Aghion, P.; Akcigit, U.; Bergeaud, A.; Blundell, R.; Hémous, D. 2015. *Innovation and top income inequality,* Centre for Economic Policy Research (CEPR) Discussion Paper No. 10659 (London).

Baker, S.; Bloom, N.; Davis, S. 2013. *Measuring economic policy uncertainty.* Available at: www.policyuncertainty.com/media/BakerBloomDavis.pdf [10 Jan. 2015].

Baldwin, R.; Teulings, C. (eds). 2014. *Secular stagnation: Facts, causes, and cures,* a VoxEU Book (London, Centre for Economic Policy Research (CEPR)).

Baldwin-Edwards, M. 2011. *Labour immigration and labour markets in the GCC countries: National patterns and trends,* Research Paper No. 15, Kuwait Programme on Development, Governance and Globalisation in the Gulf States (London, London School of Economics and Political Science).

Bank of Canada. 2015. *Monetary Policy Report* (Calgary).

Benjamin, N.; Mbaye, A.A. 2014. *Informality, growth, and development in Africa,* WIDER Working Paper No. 52 (Helsinki, United Nations University (UNU) World Institute for Development Economics Research (WIDER)).

Board of Governors of the Federal Reserve System. 2015. *Press Release,* 25 Oct. (Washington, DC).

Braun, S.; Coglianese, J.; Furman, J.; Stevenson, B.; Stock, J. 2014. *Understanding the decline in the labour force participation rate in the United States,* VoxEU, Centre for Economic Policy Research's (CEPR) Policy Portal (London, CEPR).

Caballero, R.J.; Farhi, E. 2014. "On the role of safe asset shortages in secular stagnation", in C. Tuelings and R. Baldwin (eds): *Secular stagnation: Facts, causes and cures* (London, Centre for Economic Policy Research (CEPR)), pp. 111–122.

Cazes, S.; Verick, S. 2010. *What role for labour market policies and institutions in development? Enhancing security in developing countries and emerging economies,* Employment Working Paper No. 67 (Geneva, ILO).

Cerutti, P.; Fruttero, A.; Grosh, M.; Kostenbaum, S.; Oliveri, M.L.; Rodriguez-Alas, C.; Strokova, V. 2014. *Social assistance and labor market programs in Latin America: Methodology and key findings from the Social Protection Database,* Social Protection and Labor Discussion Paper No. 1401 (Washington, DC, World Bank).

Chetty, R.; Hendren, N.; Kline, P.; Saez, E. 2014. "Where is the land of opportunity? The geography of intergenerational mobility in the United States", in *The Quarterly Journal of Economics,* Vol. 129, No. 4, pp. 1553–1623.

Clewett, P. 2015. *Redefining Nepal: Internal migration in a post-conflict, post-disaster society* (Washington, DC, Migration Policy Institute (MPI)).

Communist Party of China (CPC). 2015. *Communiqué of the Fifth Plenary Session of 18th Central Committee of the CPC,* adopted on 29 Oct. (Beijing).

Cord, L.J.; Cabanillas, O.B.; Lucchetti, L.; Rodrígues-Castelán, C; Sousa, L.D.; Valderrama, D. 2014. *Inequality stagnation in Latin America in the aftermath of the global financial crisis,* Policy Research Working Paper No. 7146 (Washington, DC, World Bank).

Deaton, A. 2013. *The great escape: Health, wealth, and the origins of inequality* (Princeton, NJ, Princeton University Press).

Economic Commission for Europe (ECE); United Nations Economic and Social Commission for Asia and the Pacific (ESCAP); United Nations Economic Commission for Latin America and the Caribbean (ECLAC); United Nations Economic Commission for Africa (ECA); United Nations Economic and Social Commission for Western Asia (ESCWA). 2013. *A regional perspective on the Post-2015 United Nations development agenda* (United Nations).

Economic Commission for Latin America and the Caribbean (ECLAC). 2015. *Inclusive social development: The next generation of policies for overcoming poverty and reducing inequality in Latin America and the Caribbean*, presented at the ECLAC, Ministry of Development and Social Inclusion of Peru (MIDIS) and United Nations Development Programme (UNDP) Regional Conference on Social Development in Latin America and the Caribbean, Lima, 2–4 Nov.

Elsby, M.; Hobijn, B.; Sahin, A. 2013. "Unemployment dynamics in the OECD", in *Review of Economics and Statistics*, Vol. 95, No. 2, pp. 530–548.

Ernst, E.; Viegelahn, C. 2014. *Hiring uncertainty: A new labour market indicator* (ILO, Geneva). Available at: http://www.policyuncertainty.com/media/HiringUncertainty.pdf [7 Jan. 2015].

European Commission. 2015a. *European Economic Forecast: Winter 2015*, European Economy series No. 1 (Brussels).

—. 2015b. *Eurostat*, database (Luxembourg).

—. 2015c. *Refugee Crisis: European Commission reports on progress in implementation of priority actions*, Press Release, 14 Oct. (Brussels).

Filmer, D.; Fox, L.; Brooks, K.; Goyal, A.; Mengistae, T.; Premand, P.; Ringold, D.; Sharma, S.; Zorya, Z. 2014. *Youth Employment in Sub-Saharan Africa* (Washington, DC, Agence Française de Développement and the World Bank).

Goldin, C.; Katz, L.F. 2010. *The race between education and technology* (Cambridge, MA, Harvard University Press).

Hansen, A.H. 1938. *Full recovery or stagnation?* (New York, W.W. Norton & Company, Inc.).

International Labour Office (ILO). 2009. *The informal economy in Africa: Promoting transition to formality: Challenges and strategies* (Geneva).

—. 2012. *ILO global estimate of forced labour: Results and methodology* (Geneva).

—. 2013a. *Combating forced labour and trafficking in Africa: Current responses and a way forward*, Special Action Programme to combat Forced Labour (SAP-FL), International Programme for the Elimination of Child Labour (IPEC), background paper presented at ILO Regional Tripartite Conference: Preventing forced labour, human trafficking and slavery-like practices in Africa, Lusaka, 19–20 Nov.

—. 2013b. *Domestic workers across the world: Global and regional statistics and the extent of legal protection* (Geneva).

—. 2013c. *Women and men in the informal economy: A statistical picture*, second edition (Geneva).

—. 2014a. *Panorama Laboral Temático: Transición a la formalidad en América Latina y el Caribe* (Lima).

—. 2014b. *Profits and poverty: The economics of forced labour* (Geneva).

—. 2014c. *The impact of the Syrian refugee crisis on the labour market in Jordan: A preliminary analysis* (Beirut).

—. 2014d. *World of Work Report 2014: Developing with jobs* (Geneva).

—. 2015a. *An employment-oriented investment strategy for Europe* (Geneva).

—. 2015b. *Background note for the panel on "Transition from the informal to the formal economy in Africa: The way forward"*, AFRM.13/D.4, 13th African Regional Meeting, Addis Ababa, 30 Nov. – 3 Dec.

—. 2015c. *Global Employment Trends for Youth 2015: Scaling up investments in decent jobs for youth* (Geneva).

—. 2015d. *Global Wage Report 2014/15: Wages and income inequality* (Geneva).

—. 2015e. *Key Indicators of Labour Market* (KILM), ninth edition (Geneva).

—. 2015f. *ILO global estimates on migrant workers: Results and methodology* (Geneva).

—. 2015g. *Towards inclusive and sustainable development in Africa through decent work*, Report of the Director-General, presented at the 13th African Regional Meeting, Addis Ababa, 30 Nov.–3 Dec.

—. 2015h. *World Employment and Social Outlook: The changing nature of jobs* (Geneva).

—. 2015i. *World Employment and Social Outlook: Trends 2015* (Geneva).

—. Forthcoming a. *What works: Active labour market policies in Latin America*, Studies on Growth with Equity (Geneva).

—. Forthcoming b. *Women at Work: Trends 2016* (Geneva).

—.; Asian Development Bank (ADB). 2014. *ASEAN community 2015: Managing integration for better jobs and shared prosperity* (Bangkok).

—.; International Monetary Fund (IMF); Organisation for Economic Co-operation and Development (OECD); World Bank. 2015. *Income inequality and labour income share in G20 countries: Trends, impacts and causes*, prepared for the G20 Labour and Employment Ministers Meeting and Joint Meeting with the G20 Finance Ministers, Ankara, Turkey, 3–4 Sep.

International Monetary Fund (IMF). 2014. *2014 Spillover Report* (Washington, DC).

—. 2015a. *Regional Economic Outlook Update: Asia and Pacific: Asia: Bolstering resilience amid the slowdown*, Oct. (Washington, DC).

—. 2015b. *Regional Economic Outlook: Sub-Saharan Africa: Dealing with the gathering clouds*, Oct. (Washington, DC).

—. 2015c. *2015 Spillover Report* (Washington, DC).

—. 2015d. *World Economic Outlook: Adjusting to lower commodity prices*, Oct. (Washington, DC).

Jaumotte, F.; Osorio Buitron, C. 2015. *Inequality and labour market institutions*, IMF Staff Discussion Note No. 15/14 (Washington, DC, International Monetary Fund).

Kapsos, S.; Bourmpoula. E. 2013. *Employment and Economic Class in the Developing World*. ILO Research Paper No 6.

Maxwell, D.; Gelsdorf, K.; Santschi, M. 2012. *Livelihoods, basic services and social protection in South Sudan*, Working Paper No. 1, Secure Livelihoods Research Consortium (SLRC) (London, Overseas Development Institute (ODI)).

Ñopo, H.; Daza, N.; Ramos, J. 2011. *Gender earnings gaps in the world,* IZA Discussion Paper No. 5736 (Bonn, Institute for the Study of Labor (IZA)).

Organisation for Economic Co-operation and Development (OECD). 2015a. *Economic Outlook,* June (Paris).

—. 2015b. *How will the refugee surge affect the European economy?* Migration Policy Debates No. 8, Nov. (Paris).

—. 2015c. *OECD Employment and Labour Market Statistics*, database (Paris).

Oxfam. 2015. *Wealth: Having it all and wanting more*, Oxfam Issues Briefing (Oxford, UK).

Piketty, T. 2013. *Le capital au XXIe siècle* (Paris, Éditions du Seuil).

Rani, U.; Furrer, M. Forthcoming. *Decomposing income inequality into factor income components: Evidence from the G20 countries*, ILO Research Paper Series (Geneva, ILO).

Regional Coordination Mechanism (RCM) and United Nations Development Group (UNDG) Asia-Pacific Thematic Working Group on Youth. 2015. *Switched on: Youth at the heart of sustainable development in Asia and the Pacific* (Bangkok).

Sab, R. 2014. *Economic impact of selected conflicts in the Middle East: What can we learn from the past?*, IMF Working Paper No. 100 (Washington, DC, IMF).

Shimer, R. 2012. "Reassessing the ins and outs of unemployment", in *Review of Economic Dynamics*, Vol. 15, No. 2, pp. 127–148.

Spence, M.; Leipziger, D.; Manyika, J.; Kanbur, R. 2015. *Restarting the global economy: Harnessing the forces of economic growth*", A Growth Dialogue White Paper. Available at: www.growthdialogue.org/sites/default/files/publication/documents/Bellagio_2015_FINAL_web_9-29-15.pdf [18 Dec. 2015].

Stampini, M.; Leung, R.; Diarra, S.M.; Pla, L. 2011. *How large is the private sector in Africa? Evidence from national accounts and labor markets*, IZA Discussion Paper No. 6267 (Bonn, Institute for the Study of Labor (IZA)).

Stave, S.E.; Hillesund, S. 2015. *Impact of Syrian refugees on the Jordanian labour market* (Beirut and Oslo, ILO and Fafo Institute for Applied International Studies (Fafo)).

Summers, L.H. 2014. "U.S. economic prospects: Secular stagnation, hysteresis, and the zero lower bound", in *Business Economics*, Vol. 49, No. 2, pp. 65–73.

United Nations Conference on Trade and Development (UNCTAD). 2015. *World Investment Report 2015: Reforming international investment governance* (New York and Geneva, United Nations).

United Nations Economic and Social Commission for Western Asia (ESCWA). 2013. *Annual Report 2013: 40 years with the Arab World* (Beirut).

—. 2014. *Conflict in the Syrian Arab Republic: Macroeconomic implications and obstacles to achieving the Millennium Development Goals* (Beirut).

United Nations Economic Commission for Africa (UNECA). 2015. *Economic Report on Africa: Industrialization through trade* (Addis Ababa).

United Nations Educational, Scientific and Cultural Organization (UNESCO). 2015. *Education for all 2000–2015: Achievements and challenges* (Paris).

United Nations Industrial Development Organization (UNIDO); Agence Française de Développement (AFD). 2013. *Green growth: From labour to resource productivity. Best practice examples, initiatives, and policy options* (Vienna).

United Nations World Tourism Organization (UNWTO). 2015. *UNWTO Tourism Highlights: 2015 Edition* (Madrid).

World Bank. 2015a. *Jobs, wages and the Latin American slowdown* (Washington, DC).

—. 2015b. *Remittances growth to slow sharply in 2015, as Europe and Russia stay weak; pick up expected next year,* Press Release, 13 Apr. (Washington, DC).

—. 2015c. *Update on the economic impact of the 2014–2015 Ebola epidemic on Liberia, Sierra Leone, and Guinea* (Washington, DC).

World Economic Forum (WEF). 2013. *Infographic on the challenges of youth unemployment*, Global Agenda Council on Youth Unemployment (Geneva). Available at: http://www.weforum.org/community/global-agendacouncils/youth-unemployment-visualization-2013 [17 Dec. 2015].

Zhu, M. 2015. *World economy: Output gap and potential output growth*, IMF presentation at Bellagio Symposium on Sustainable and Shared Economic Growth, Rockefeller Foundation Bellagio Center, Italy, May.